Auer Verlag

Ab heute Konrektor!

Vorlagen, Checklisten, Praxistipps

GRATIS-DOWNLOADS
zum Methodentraining

Sichern Sie sich 2 originelle, komplett
ausgearbeitete Unterrichtsstunden, die aus
dem Stegreif in maximal 5 Minuten vorbereitet
sind – ideal für Vertretungsstunden.

GRATIS!

Download der Gratis-Materialien unter
www.auer-verlag.de/06791DK1

Die schnelle Stunde
Methodentraining
19 originelle Unterrichtsstunden ganz ohne Vorbereitung

Melanie Fröhlich
Cathrin Rattay

Auer — Sekundarstufe I

Gedruckt auf umweltbewusst gefertigtem, chlorfrei gebleichtem und alterungsbeständigem Papier.

1. Auflage 2018
© 2018 Auer Verlag, Augsburg
AAP Lehrerfachverlage GmbH
Alle Rechte vorbehalten.

Covergestaltung: Kirstin Lenhart, München
Illustrationen: Julia Flasche
Satz: fotosatz griesheim GmbH
Druck und Bindung: Korrekt Nyomdaipari Kft
CD/DVD-Pressung: optimal media production GmbH, Röbel/Müritz
ISBN 978-3-403-**07714**-5
www.auer-verlag.de

Inhaltsverzeichnis

Lust auf eine Herausforderung?

Sie halten dieses Buch in den Händen, weil Sie überlegen, sich auf eine Funktionsstelle in der Schule zu bewerben? Sie haben sich dieser Herausforderung bereits gestellt und in Kürze geht es los: Schon bald werden Sie Konrektor? In beiden Fällen ist dieses Buch genau das Richtige für Sie. Es hilft Ihnen, sich auf die wichtigsten Aufgaben im neuen Job vorzubereiten und diesen, mithilfe zahlreicher Vorlagen, Tipps und Hintergrundinformationen, immer souveräner zu meistern. Verschiedene Schulformen, 16 Bundesländer, zahlreiche Unterschiede und viele Gemeinsamkeiten. Auf das Wichtigste, auf das, was in allen Bundesländern gleich ist, haben wir uns in diesem Band fokussiert. Darüber hinaus bieten wir Ihnen Links zu Ministerien und anderen wichtigen Stellen Ihres jeweiligen Bundeslandes. Über die angegebenen QR-Codes® können Sie diese direkt aufrufen. Für die Nutzung der Codes wird ein Smartphone oder Tablet mit installierter Barcode-Scan-App benötigt. Kostenlos erhältlich über Google® Play oder App Store®. Die im Band abgedruckten QR-Codes® wurden mit folgender App getestet: I-nigma QR®. Wir wünschen Ihnen beim Schmökern in diesem Buch viel Spaß und gute Anregungen für die Herausforderungen, die vor Ihnen liegen. In diesem Sinne wünschen wir Ihnen …

… einen guten Start:

> Choose a job you love, and you will never have to work a day in your life. (Konfuzius)

… viele gute Pläne gemeinsam mit dem Schulleitungsteam und dem Kollegium:

> Nenne es nicht deinen Traum oder deine Idee. Nenne es einen Plan.

… dass Sie der Schule durch Ihr Tun Ihren Stempel aufdrücken:

> Manchmal muss man sich daran erinnern, nicht immer dasselbe zu machen, was alle anderen auch schon machen.

…, dass Sie Ihre Work-Life-Balance im Blick behalten und auch für Ausgleich im stressigen Job sorgen:

> Wenn ich noch mehr Kaffee trinke, heißt meine Blutgruppe bald Arabica. (Sofatutor)

1. Die Aufgaben des Konrektors

Das wird von Ihnen erwartet

Der Konrektor ist Teil des Schulleitungsteams. Er gilt als ständiger Vertreter der Schulleitung, wenn diese verhindert ist, mit allen Rechten und Pflichten. Schulleitung und Konrektor arbeiten in der Regel sehr eng zusammen. Sie verfolgen ein gemeinsames Ziel: Die Abläufe in der Schule müssen so geplant sein, dass alle Schülerinnen und Schüler von einer guten Erziehungs- und Unterrichtsarbeit profitieren und die Schule sich erfolgreich weiterentwickeln kann. Als Teil des Schulleitungsteams werden dem Konrektor viele Aufgaben übertragen, die er fortan eigenverantwortlich ausführt: Verwaltung, Schulorganisation und Schulentwicklung, Betreuung der Lehrkräfte sowie Beratung der Referendare und Eltern und vieles mehr.

Führungs-kompetenz	Organisationstalent	Kooperations-fähigkeit	Stressresilienz
Fach- und Sachkompetenz	Sozial-kompetenz	Kommunikations-fähigkeit	Teamfähigkeit
stark im Entwickeln, Planen und Innovieren	Medienkompetenz	stark als Pädagoge	den Aufwand und Nutzen bei allem im Blick
integer	fair	vertrauensvoll	freundlich

2. Den Unterricht organisieren

Herausforderung Stundenplanerstellung

Sommerferien ade?! Eine der wichtigsten neuen Aufgaben ist die Stundenplanerstellung in den Sommerferien. Für alle Klassen der Schulgemeinde muss bis zum Schulbeginn ein Stundenplan her, in welchem Klassen, Lehrer, Fächer und Räume möglichst stimmig einander zugeordnet sind. Früher eine Mammutaufgabe mithilfe von Kärtchen und Stecktafeln. Heute in der Regel erstellt durch webbasierte Computerprogramme oder kombinierte Verfahren (Stecktafel unterstützt durch entsprechende Software), die auch die eine oder andere technische Tücke bereithalten und ohne fachliches Know-how nicht sinnvoll gefüllt werden können. Sie erhalten einen Überblick über entsprechende Programme, die kostenpflichtig bei den genannten Anbietern erworben werden können. Darüber hinaus hilft Ihnen unsere Tipp-Sammlung bei der Erstellung der Stundenpläne.

Kostenpflichtige Software

Name der Software	Name der Firma	Kontakt
aSc Stundenplan – die einfache Stundenplansoftware für Ihre Schule	Dr. Josef Raabe Verlags-GmbH, Ein Unternehmen der Klett Gruppe	Rotebühlstraße 77 70178 Stuttgart **Telefon:** 0711 629 0056 **E-Mail:** asc@raabe.de **Internet:** www.raabe.de
Untis Express – Stundenpläne in Bestzeit	Gruber & Petters GmbH	Belvederegasse 11 AUT-2000 Stockerau **Telefon:**+43 2266 62241 **E-Mail:** office@grupet.at **Internet:** www.grupet.at
All4 schools-Schulverwaltungssoftware	C & C Media GmbH	Karl-Heine-Straße 99 04229 Leipzig **Telefon:** 0341 39299375 **E-Mail:** info@c-cmedia.de **Internet:** www.all4schools.de/kontakt
Easytime Unterrichtsverteilung	DigiStage GmbH	Reichswaldstraße 29–31 67663 Kaiserslautern **Telefon:** 0631 2040 9848 **E-Mail:** über das Kontaktformular auf der Homepage **Internet:** www.unterrichtsverteilung.de
Turbo-Planer – Software für den Stundenplan	HANEKE Software	Johannesstraße 41 D-53721 Siegburg **Telefon:** 02241 39749-0 **E-Mail:** service@haneke.de **Internet:** www.haneke.de

10 Tipps zur Stundenplanerstellung

 Tipp 1: Die Grundlage Ihrer Planungen ist die Anzahl der Unterrichtsfächer und die Stundentafel in den einzelnen Jahrgangsstufen Ihrer Schule. Hinzu kommen besondere Stunden wie Förderunterricht oder Integrationsstunden. Die Wochenstunden aus der Tafel sind nun gleichmäßig über das ganze Jahr zu verteilen.

 Tipp 2: Lehrer müssen zuerst den Klassen zugeordnet werden. Hinzu kommen die Räume, das Fach sowie Tag und Unterrichtsstunde. Diese Parameter müssen zusammenpassen.

 Tipp 3: Die Unterrichtszeiten und Pausenfenster sind festgelegt durch die Schulgremien und müssen immer entsprechend eingeplant werden.

 Tipp 4: Beginnen Sie mit den Fächern, die die meisten Schüler und Lehrkräfte übergreifend betreffen, das sind häufig die Fächer Religion und Ethik.

 Tipp 5: Danach kommen der Sport- und Schwimmunterricht. Die Verfügbarkeit der Sporthalle und des Schwimmbads erfordern hier genaue Planungen.

 Tipp 6: Der Unterricht in Grundschulklassen findet eher in Einheiten statt, während später eher Einzel- oder Doppelstunden geplant werden müssen.

 Tipp 7: Der Klassenlehrer sollte verstärkt in der eigenen Klasse eingeplant werden, z. B. 8–10 Wochenstunden in der Grundschule und mindestens drei Mal in der Woche in der weiterführenden Schule.

 Tipp 8: Jede Lehrkraft sollte nicht mehr als drei Freistunden pro Woche in der Schule verbringen müssen (Brückenstunden sollten Sie eher vermeiden).

 Tipp 9: Die Besonderheiten jeder Kollegin oder jedes Kollegen müssen noch Berücksichtigung finden: Wichtige Schlagworte sind hier Teilzeitbeschäftigung und Kinderbetreuung.

 Tipp 10: Die Hauptfächer sollten am besten täglich unterrichtet und gleichmäßig verteilt werden, dabei sollten sie zu unterschiedlichen Tageszeiten eingeplant werden, wobei Deutsch und Mathematik am besten vormittags stattfinden sollten.

Herausforderung Mehrarbeit

Neben dem Stundenplan haben Sie zukünftig auch die Aufgabe, die Punkte Mehrarbeit und Vertretungsübernahme, Aufsichtspflicht und Raumbelegung (mit) zu verwalten und zu steuern. Oft geht das ganz einfach mit den bereits genannten Tools. Die folgenden Informationen helfen Ihnen dabei, die Aufgabe, mithilfe der Software oder auf Papier, zu meistern. Die allgemeinen Dienstordnungen der Bundesländer, die Beamtengesetze, die Mehrarbeitsvergütungsordnungen der Länder und Tarifverträge regeln den Umgang mit Mehrarbeit. Die Verordnungen für Ihr Bundesland bildet also die Grundlage für den Vertretungsunterricht an Ihrer Schule. Sie sollten deshalb die gesetzlichen Rahmenbedingungen für Ihr Bundesland im Blick behalten, wenn Sie Vertretungsunterricht planen. Auch auf Rückfragen von Kolleginnen und Kollegen sollten Sie vorbereitet sein. Deshalb folgen hier eine kurze Übersicht mit FAQs sowie wichtigen Quellen zum Nachlesen.

Was ist Mehrarbeit?

Man spricht von Mehrarbeit, wenn eine festangestellte Lehrkraft über ihre übliche Unterrichtsverpflichtung hinaus Unterricht halten, eine Prüfung abnehmen oder einen Termin wahrnehmen muss, weil eine Kollegin oder ein Kollege plötzlich erkrankt oder aus anderen Gründen abwesend ist. Die Beaufsichtigung einer anderen Klasse, ohne weitere Aufgaben, fällt nicht unter die Mehrarbeit. Mehrarbeit darf nur dann schriftlich (z. B. durch Aushang des Vertretungsplans) von der Schulleitung eingefordert werden, wenn zwingende dienstliche Gründe vorliegen, es sich um reine Ausnahmen handelt und der Unterricht ohne die Mehrarbeit der Lehrkraft nicht sichergestellt werden könnte.

Mitarbeiter in Befristung: Kolleginnen und Kollegen, die befristet angestellt sind, dürfen zu keiner Mehrarbeit hinzugezogen werden.

- Mitarbeiter in Teilzeit: Teilzeitkräfte müssen bei Mehrarbeit berücksichtigt werden.
- Referendare dürfen nur in geringem Maß eingeplant werden, wenn sie vorher der Mehrarbeit freiwillig zustimmen.
- Schwerbehinderte Mitarbeiter: Schwerbehinderte Mitarbeiter dürfen nur in einem gewissen Rahmen durch Mehrarbeit belastet werden, sie können dabei nicht gegen ihren Willen zur Mehrarbeit gezwungen werden und sind in bestimmten Fällen, und auf eigenen Wunsch, sogar freizustellen.
- Schwangere Mitarbeiter: Schwangere Lehrerinnen dürfen maximal 8,5 Stunden arbeiten. Deshalb ist es nicht gestattet, betroffene Lehrerinnen zur Mehrarbeit einzuteilen.

Was sagen die Gesetze?

Behalten Sie immer den gesetzlichen Rahmen für diese Mehrarbeit in Ihrem Bundesland im Blick: Ab wie vielen Stunden Mehrarbeit im Monat/Jahr wird diese bezahlt? Was ist der genaue Abrechnungszeitraum? Prüfen Sie auch, ob es an Ihrer Schule einen Konferenzbeschluss und/oder ein Vertretungskonzept gibt, welcher/welches einen entsprechenden Rahmen für Ihre Schule schaffen (Form der Anordnung, Ablauf des Unterrichts im Vertretungsfall, Verteilung der Mehrarbeit im Kollegenkreis). Bei vorhersehbarer Mehrarbeit (ggf. auch über einen längeren Zeitraum) sind der Lehrerrat und die Gleichstellungsbeauftragte zu informieren. In einigen Bundesländern (z. B. in NRW) unterscheidet man verschiedene Formen der Mehrarbeit: Ad-hoc-Mehrarbeit (z. B. im plötzlichen Krankheitsfall), regelmäßige Mehrarbeit (länger

als ein Monat) und gelegentliche Mehrarbeit (Schulleitung ordnet die Mehrarbeit formlos an und setzt die Schulbehörde darüber in Kenntnis).

Was gehört nicht zur Mehrarbeit?

- Sprechstunden und Elternsprechtage, Schülergespräche
- Teilnahme an Konferenzen, Teamsitzungen und Dienstbesprechungen
- Teilnahme an Prüfungen
- Teilnahme an Fortbildungsveranstaltungen
- Teilnahme an Schulveranstaltungen (Wandertag)
- Teilnahme an sonstigen Schulveranstaltungen (Schulfeste)
- Teilnahme an Schulsportfesten und kirchlichen Festen
- Teilnahme an Veranstaltungen zur Förderung der Schulgemeinschaft
- Besuch von Schülern während der Berufspraktika
- Erledigung von Verwaltungsarbeit
- Beaufsichtigung von Schülern und Klassen.

Wie wird Mehrarbeit angeordnet?

Mehrarbeit muss grundsätzlich schriftlich angeordnet werden, und zwar unter Angabe von Unterrichtsfach, Klasse und Stunde. Bitte prüfen Sie für Ihr Bundesland, wer für die Anordnung der Mehrarbeit genau zuständig ist. Für die schriftliche Anordnung sind immer die von den vorgesetzten Stellen entworfenen Formulare zu verwenden.

Wie wird Mehrarbeit entlohnt?

Die Lehrkräfte erhalten eine Entlohnung (Freizeitausgleich in den ersten drei Monaten nach geleisteter Mehrarbeit /finanzielle Entschädigung, wenn die Mehrarbeit nicht in Freizeit ausgeglichen werden kann), wenn die Vertretungsleistung mehr als drei Stunden im Monat beträgt. Die genauen Vorgaben zur Vergütung entnehmen Sie bitte dem jeweiligen TV-L bzw. den Besoldungsordnungen der Länder.

Gestaltung eines Vertretungskonzepts für Ihre Schule

Entwickeln Sie gemeinsam in der Schulleitung, mit allen Kolleginnen und Kollegen und ggf. dem Lehrerrat, ein Vertretungskonzept für Ihre Schule. Dieses soll die Grundlage für die Vertretungspläne sein und festhalten, dass die Vertretung an Ihrer Schule nach einem klaren Muster abläuft und für alle nachvollziehbar und gerecht gehandhabt wird:

- Bis wann melde ich mich, wenn ich krank bin?
- Wo erfahre ich, dass ich vertreten muss?
- Wer vertritt in welchen Klassen? In welchem Fach?
- Wie lange darf ein Lehrer maximal unterrichten? Wie wird der Vertretungsunterricht inhaltlich gestaltet?
- Wie kooperieren die Kolleginnen und Kollegen hier miteinander?
- Wer bereitet die Vertretung wie vor? Wie minimieren wir durch gezielte klassenüber-greifende Planung Vertretungsgründe?
- Das Ziel – Vermeidung von Unterrichtsausfall – muss von allen Lehrkräften im Blick behalten werden.

Gesetzliche Grundlagen

Bundesland	QR-Codes	Links
Baden-Württemberg	1	https://blv-bw.de/wp-content/uploads/2013/11/ÖPR-Info-Mehrarbeitsunterricht-MAU.pdf
Bayern	2	http://www.gesetze-bayern.de/Content/Document/BayVwV270221/true
Berlin-Brandenburg	3	https://www.gew-berlin.de/649.php
Bremen	4	http://transparenz.bremen.de/sixcms/detail.php?gsid=bremen2014_tp.c.68534.de&template=20_gp_ifg_meta_detail_d
Hamburg	5	http://www.hamburg.de/contentblob/64552/9c486755fa3d56e67a9ff90123ef0312/data/bbs-vo-unterrichtsausfall-vertretungsunterricht-12-98.pdf
Hessen	6	http://dms-portal.bildung.hessen.de/elc/weiterbildung/pv_pm/personalorganisation/dienstordnung_fuer_lehrkraefte.pdf
Mecklenburg-Vorpommern	7	www.regierung-mv.de/serviceassistent/download?id=23527
Niedersachsen	8	https://www.landesschulbehoerde-niedersachsen.de/themen/lehrkraefte/arbeitszeit/arbeitszeitregelung
Nordrhein-Westfalen	9	http://vbe-nrw.de/downloads/sbvPDF/151_ado_allgemeine_dienstordnung.pdf
Rheinland-Pfalz	10	https://www.gew-rlp.de/recht/mehrarbeit/
Saarland	11	http://www.rastbachtal.de/schulrecht/erlass_mehrarbeit.html
Sachsen	12	https://www.revosax.sachsen.de/vorschrift/2730-VwV-Mehrarbeitsunterrichtsstunden
Sachsen-Anhalt	13	https://www.gdp.de/gdp/gdplsa.nsf/res/2011_12_29_Mehrarbeitsverg%C3%BCtungsverordnung_LSA_(GVBl-2011_885).pdf/$file/2011_12_29_Mehrarbeitsverg%C3%BCtungsverordnung_LSA_(GVBl-2011_885).pdf
Schleswig-Holstein	14	https://schulrecht-sh.de/texte/v/vertretungsunterricht.htm
Thüringen	15	https://www.thueringen.de/mam/th2/tmbwk/bildung/schulwesen/rechtsgrundlagen/vorschriften/hinweise_zur_mehrarbeit_von_lehkraften_im_schulbereich_17_6_15.pdf

QR-Codes

1	2	3	4
5	6	7	8
9	10	11	12
13	14	15	

Vertretungsplan

Schuladresse:						
Schuljahr:						
Wochentag:			**Datum:**			
Fehlende Lehrkräfte:						
Aufsicht:						
Klasse	**Stunde**	**Fach**	**Lehrkraft**	**Vertretungs-lehrkraft**	**Raum**	**Notiz**

3. Die Aufsichtspflicht koordinieren

Grundlagen der Aufsichtspflicht

Für Sie als Konrektor ist das Thema Aufsichtspflicht sehr wichtig. Sie sind oft für die Erstellung der Aufsichtspläne an Ihrer Schule zuständig und erster Ansprechpartner für die Lehrkräfte. Worauf können Sie sich bei Ihrem Handeln berufen? Eltern sind nach dem Grundgesetz verpflichtet und berechtigt für die Pflege und Erziehung ihrer Kinder zu sorgen (GG, Artikel 6,2). In der Schulzeit übertragen Sie dieses Recht auf die Schulleitung, die dieses an ihre Lehrkräfte weitergibt. Als Teil des Schulleitungsteams sind Sie verpflichtet, die Aufsicht der Schüler durch benannte Lehrkräfte im Unterricht, in den Pausen, auf Klassen- und Schulausflügen und auf dem Schulweg der Schülerinnen und Schüler sicherzustellen und die äußeren Rahmenbedingungen für ein sicheres Schulleben zu gewährleisten. Rechtliche Grundlage ist in allen Bundesländern das Grundgesetz sowie das jeweils geltende Schulgesetz. Hier sind Ihre Rechte und Pflichten genau benannt. Die Schülerinnen und Schüler sollen – durch die Aufsicht der Lehrkräfte – vor Verletzungen und Schäden geschützt sowie vor Mitschülern bewahrt werden, die sie durch ihr Handeln schädigen könnten. Zudem sollen Diebstähle oder das Schädigen der schulischen Einrichtung – durch die Anwesenheit der Lehrkräfte – vermieden werden. Sie geben entsprechende Regeln in Ihrer eigenen Schulordnung an die Schüler weiter. Fragen Sie nach der Schulordnung Ihrer Schule und prüfen Sie diese. Diese Punkte dürfen auf keinen Fall fehlen: Es ist verboten, das Schulgebäude während der Schulzeiten und Pausen zu verlassen, Ausnahme bilden oft die älteren Schülerinnen und Schüler, z. B. der Sekundarstufe 2, deren Rechte immer mehr gelockert werden können. Das Rauchen ist in der Schule und auf dem Schulgelände verboten. Pausen sind in der Regel auf dem Schulhof zu verbringen. An einigen Schulen gibt es Ausnahmen: z. B. die Regenpause.

Wo müssen die Lehrkräfte Aufsicht leisten

- Im Schulgebäude und der Schulanlage (Schulhof, Schulgarten etc.)
- Während Schulveranstaltungen in der Schulanlage sowie unterwegs (Schulfest, Besuch im Zoo etc.)
- Zwischen zwei schulischen Orten (Schulhaus/Turnhalle, Schulhaus/Schwimmbad)

Was sind Aufsichtszeiten?

- In allen Phasen des Unterrichts
- In den Pausen
- In der Mittagspause
- Vor Unterrichtsbeginn und nach Unterrichtsschluss, wenn die Schüler sich noch in der Schule befinden
- Auf Klassenfahrten und Tagesausflügen (Zuverlässige Personen zur Aufsicht mitnehmen, z. B. Kollegen, Referendare etc.), auf Schulveranstaltungen
- Auf den Wegen zwischen zwei Schulorten
- Bei Fahrschülern gilt die Aufsichtspflicht so lange, bis die Schülerinnen und Schüler den richtigen Bus besteigen.

Was passiert, wenn was passiert?

Trotz gewissenhafter Aufsichtsführung kann immer mal etwas passieren. Dann gilt es Folgendes zu wissen: Die Lehrkräfte sind über die Schule gesetzlich unfallversichert. Die Schülerinnen und Schüler sind auf dem Schulweg und dem Schulgelände ebenfalls versichert. Schülerinnen und Schüler, die die Schule unerlaubterweise verlassen, fallen nicht mehr unter diese Regelung. Sollte die Lehrkraft ihrer Aufsichtspflicht nachgekommen sein, dann hat sie keine Konsequenzen zu befürchten, auch wenn sich ein Schüler auf dem Schulhof oder im Unterricht verletzt. Wird der Lehrkraft hingegen eine grob fahrlässige Verletzung seiner Pflichten nachgewiesen, dann muss die Lehrkraft ggf. sogar für den Schaden aufkommen. Das kann bedeuten, dass die Lehrkraft die Behandlungskosten zahlen, für Schmerzensgeld oder Sachschaden aufkommen muss.

So gestalten Sie den Aufsichtsplan

Vor jedem Schuljahr erstellen Sie den Aufsichtsplan, mit digitaler Hilfe oder manuell. Steht der geplante Stundenplan für das kommende Jahr endgültig fest, dann machen Sie sich an den neuen Aufsichtsplan. Planen Sie im alten Exemplar die beiden ersten Schulwochen des neuen Schuljahres mit ein. Dann geht es los: Ermitteln Sie zunächst, wie viele Pausenzeiten/Pauseneinheiten in einem Schuljahr betreut werden müssen. Nehmen Sie sich nun ihre Mitarbeiterliste zur Hand. Wer arbeitet in Vollzeit, der wird öfter eingeteilt, wer arbeitet in Teilzeit, der wird entsprechend weniger eingeteilt, wer ist schwanger, der wird in dieser Zeit gar nicht eingeteilt. Jede Kollegin bzw. jeder Kollege bekommt dann seine Aufsichten zugewiesen. Dabei haben sich verschiedene Modelle zur Einbindung der Lehrkräfte bewährt:

- Sie fragen vorab nach Wünschen der Kolleginnen und Kollegen und berücksichtigen diese. Anhand der Wünsche und der jeweiligen Pauseneinheiten stellen Sie den Aufsichtsplan zusammen.
- Sie legen die Einheiten fest und die Lehrkräfte tragen sich zunächst selbstständig in ihre Wunschtermine ein. Zum Schluss stellen alle den Plan gemeinsam zur Diskussion, sodass Änderungen noch möglich sind.
- Sie erstellen den Plan selbstständig und besprechen das Ergebnis im Plenum.

Gesetzliche Grundlagen

Die Schulgesetze der Länder liegen in Printform in der Schule vor, auch im Internet sind sie unter folgendem Link und unter folgendem QR-Code für jedes Bundesland zu finden:
https://www.kmk.org/dokumentation-statistik/rechtsvorschriften-lehrplaene/uebersicht-schulgesetze.html

QR-Code:

Aufsichtsplan

Schuladresse:

Gültig im Schuljahr:

Zeit	Ort	Montag	Dienstag	Mittwoch	Donnerstag	Freitag
Vor Unterrichts-beginn						
Pause						
Pause						
Pause						
Pause						
Nach Unterrichts-schluss						
Fahrschüler						

Konrektor(in)

4. Die Schuleinschreibung in der Grundschule durchführen

Eine jährlich wiederkehrende Planungsaufgabe

Die Schuleinschreibung – eine weitere wichtige Planungsaufgabe für Sie, wenn Sie Konrektorin oder Konrektor an einer Grundschule sind. Die Schuleinschreibung ist die Anmeldung eines Kindergartenkindes in der Grundschule Ihres Wohnorts bzw. des sogenannten Schulsprengels – und ein wichtiger Termin für jede Schule. Jedes Bundesland hat seine eigenen Regeln und Fristen, wenn es die Anmeldung der neuen Abc-Schützen geht. Bitte informieren Sie sich unter den genannten Adressen, wenn Ihnen die Regeln Ihres Bundeslandes und die Termine Ihrer Schule nicht vollständig bekannt sind. Die Einladung für die Schuleinschreibung erfolgt durch die Gemeinde oder Stadt an alle Eltern des Schulsprengels, Sie erhalten gleichzeitig eine Liste mit allen Kindern, die an Ihrer Schule eingeschult werden sollen. Zusätzlich wird über öffentliche Aushänge und Zeitungen vor Ort auf die Schuleinschreibung hingewiesen. An manchen Schulen ist es üblich, einen Elternabende durchzuführen, die über das Thema „Schulfähigkeit des Kindes" und die Schuleinschreibung informieren. Diese Termine haben sich an vielen Schulen bewährt. An diesen Tagen können Sie die nötigen Formulare austeilen, die die Eltern dann in Ruhe zu Hause ausfüllen können. Zwei Vorlagen für Einladungsschreiben finden Sie in diesem Band. Erklären Sie bereits am Elternabend den Ablauf der Einschreibung, sodass keine Unsicherheiten entstehen. Ihre Aufgabe ist es, den Tag der Schuleinschreibung für die neuen Eltern und Kinder der Schule so informativ und angenehm wie möglich zu machen. Ein guter Start miteinander erleichtert später die Zusammenarbeit. Vergeben Sie deshalb für die Schuleinschreibung am besten Einzeltermine oder geben Sie verschiedene Zeitfenster an diesem Tag vor, damit auch berufstätige Eltern ihre Kinder in Ruhe anmelden können und alle zufrieden mit ihrem Kind in den neuen Lebensabschnitt starten.

Gesetzliche Grundlagen

Bundesland	QR-Codes	Links
Baden-Württemberg	1	https://www.service-bw.de/lebenslage/-/sbw/Grundschule-5001463-lebenslage-0
Bayern	2	https://www.km.bayern.de/grundschule
Berlin-Brandenburg	3	https://www.berlin.de/sen/bildung/schule/bildungswege/grundschule/anmeldung/ https://mbjs.brandenburg.de/bildung/allgemeinbildende-schulen/grundschule.html
Bremen	4	https://www.bildung.bremen.de/grundschule-3719
Hamburg	5	http://www.hamburg.de/grundschulen/
Hessen	6	https://kultusministerium.hessen.de/schulsystem/schulwahl/schulformen/grundschule/haeufig-gestellte-fragen-faq-zum-schulanfang

Mecklenburg-Vorpommern	7	https://www.bildung-mv.de/schueler/schule-und-unterricht/schularten/grundschule/einschulung/
Niedersachsen	8	https://www.mk.niedersachsen.de/download/4478/Zusammenarbeit_zwischen_Kindergarten_und_Grundschule.pdf
Nordrhein-Westfalen	9	https://www.schulministerium.nrw.de/docs/Schulsystem/Schulformen/Grundschule/Anmeldung/index.html
Rheinland-Pfalz	10	https://grundschule.bildung-rp.de/uebergaenge/einschulung/anmeldung-von-schulkindern.html
Saarland	11	https://www.saarland.de/173569.htm
Sachsen	12	https://www.schule.sachsen.de/1788.htm
Sachsen-Anhalt	13	https://bildung.sachsen-anhalt.de/schulen/weitere-schulinfos/schulformen/allgemein-bildende-schulen/grundschulen/die-grundschule/
Schleswig-Holstein	14	https://www.schleswig-holstein.de/DE/Fachinhalte/S/schulsystem/einschulung.html
Thüringen	15	https://www.thueringen.de/th2/tmbjs/bildung/schulwesen/schulsystem/grundschule/

QR-Codes

1	2	3	4
5	6	7	8
9	10	11	12
13	14	15	

Zusammenarbeit der Kindertageseinrichtungen mit den Grundschulen vor der Einschulung

Bundes-land	QR-Code	Anmerkung	Link
Baden-Württemberg	1	In Baden-Württemberg gibt es einen Kooperationsordner mit allen benötigten Abläufen und Dokumenten.	http://www.kindergaerten-bw.de/site/pbs-bw-new/get/documents/KULTUS.Dachmandant/KULTUS/Projekte/kindergaerten-bw/Koopordner/Koopordner_10_Aspekte_einer_Einschulungsberatung.pdf?attachment=true
Bayern	2	In Bayern verwenden Sie für die Informationsweitergabe zum Entwicklungsstand des Kindes zwischen Kita und Grundschule die Vorlage „Informationen für die Grundschule". Die Kooperation zwischen Kita und Grundschule ist gewünscht, wird vor Ort aber individuell geregelt.	https://www.km.bayern.de/download/69_uebergabebogen_informationen_fuer_die_grundschule.pdf.
Berlin-Brandenburg	3	In Berlin und Brandenburg pflegen Pädagoginnen in Schule und Kita einen regen Gedankenaustausch. Sie wissen so mehr voneinander, können den Kita- und Schulalltag aufeinander abstimmen und die Kind individuell für den Schulanfang vorbereiten. Oft arbeiten die Pädagoginnen mit einem gemeinsam abgestimmten Übergangsportfolio, welches in der Kita begonnen wird und in der Schule besprochen und fortgeführt wird. Die Eltern müssen über das Vorhaben informiert werden und sie müssen die Weitergabe an die Schule genehmigen, auch das Kind muss seine Zustimmung erteilen. In Fällen von Zurückstellungen wird die Kita des Kindes um eine Stellungnahme gebeten.	https://www.berlin.de/sen/bildung/schule/bildungswege/grundschule/anmeldung/ https://www.berlin.de/sen/bildung/schule/bildungswege/grundschule/anmeldung/flyer_schulanmeldung_web.pdf http://www.daks-berlin.de/downloads/verfahren_zurueckstell_290913_mitanlagen.pdf http://bildungsserver.berlin-brandenburg.de/schule/lehren-lernen/uebergang-kita-grundschule/gorbiks-transfer/gorbiks
Bremen	4	In Bremen arbeiten Kitas und Schulen mithilfe der Broschüre „Gestaltung des Übergangs von der Kita in die Schule. Für eine kontinuierliche kindliche Bildungsbiografie" zusammen. Sie entwickeln zudem eigene Kooperationsmodelle zwischen Grundschule und Kitas.	https://www.soziales.bremen.de/sixcms/media.php/13/Brosch%FCre_TransKIGs.pdf

Bundes-land	QR-Code	Anmerkung	Link
Hamburg	5	Kitas und Grundschulen in Hamburg arbeiten zum Wohl der Kinder eng zusammen, auch bei der Einschulung und Vorstellung Viereinhalbjähriger.	http://www.hamburg.de/contentblob/64534/15ad19e173d2072b6f7e1ac3ca10b98e/data/bbs-br-zum-schulanfang.pdf http://www.hamburg.de/contentblob/6448652/533198211a3357e863124d37c70fd6d8/data/plakat-vorstellung-viereinhalbjaehriger.pdf
Hessen	6	Die Kooperation ist von über-geordneten Stellen vereinbart, wird vor Ort umgesetzt.	https://www.ifp.bayern.de/imperia/md/content/stmas/ifp/fachkongress/uebergaenge_praxisbeispiel_hessen.pdf
Mecklen-burg-Vor-pommern	7	In Mecklenburg-Vorpommern verwenden Sie für die Kooperation zwischen Kita und Grundschule die Vorlage „Elternunterrichtung".	https://www.bildung-mv.de/schueler/schule-und-unterricht/schularten/grundschule/einschulung/ https://www.bildung-mv.de/export/sites/bildungsserver/downloads/Flyer_Elternunterrichtung_Datenuebermittlung.pdf
Nieder-sachsen	8	Im niedersächsischen Orientierungs-plan für Bildung und Erziehung finden Sie einen Kooperationsfahrplan, nach dem Sie die Kooperation durchführen sollten.	https://www.mk.niedersachsen.de/download/4478/Zusammenarbeit_zwischen_Kindergarten_und_Grundschule.pdf
Nordrhein-Westfalen	9	Der Kooperation zwischen Kita und Grundschule liegen die Bildungs-grundsätze zugrunde. Der Anbahnung und Vermittlung von Sprachkompe-tenz kommt eine besondere Bedeu-tung zu.	https://www.mkffi.nrw/sites/default/files/asset/document/bildungsgrundsaetze_januar_2016.pdf https://www.kita.nrw.de/fachkraefte-fachberatung/sprachliche-bildung
Rheinland-Pfalz	10	Die Kooperation zwischen Kindergar-ten und Grundschule erfolgt nach einem vorgegebenen Leitfaden. Sprachliche Bildung erfolgt im übergreifenden Konzept „Mit Kindern im Gespräch".	https://grundschule.bildung-rp.de/fileadmin/user_upload/grundschule.bildung-rp.de/Uebergaenge/Handreichung_Gestalten_des_Uebergangs-Kita-GS-November_2016.pdf
Saarland	11	Alle Informationen zur Kooperation finden Sie unter dem entsprechenden QR-Code, Stichwort: Kooperationsjahr.	http://www.lpm.uni-sb.de/typo3/fileadmin/user_upload/_temp_/2014_07_16_PPT_Infoveranstaltung_Birgit.pdf

Bundes-land	QR-Code	Anmerkung	Link
Sachsen	12	Die Kitas und Grundschulen in Sachsen schließen eine Kooperationsverein-barung zur gemeinsamen Arbeit ab.	https://www.schule.sachsen.de/download/download_smk/kooperationsvereinbarung.pdf https://www.schule.sachsen.de/download/download_smk/muster-vereinbarung.pdf
Sachsen-Anhalt	13	Die Kitas und Grundschulen arbeiten nach einem vorgegebenen Rahmen. Weiter gelten die im Gesetz- und Verordnungsblatt des Landes Sachsen-Anhalt (GVBl. LSA) oder im Schulver-waltungsblatt des Landes Sachsen-Anhalt (SVBl. LSA) veröffentlichten Texte.	http://www.mk.bildung-lsa.de/bildung/er-aufnahme_gs_2011.pdf
Schleswig-Holstein	14	Kitas und Grundschulen in Schleswig-Holstein arbeiten nach dem Leitfaden „Den Übergang gestalten. Leitfaden zur Zusammenarbeit zwischen Kinder-tagesstätten und Grundschulen".	http://www.schleswig-holstein.de/DE/Landesregierung/VIII/Service/Broschueren/Broschueren_VIII/Kita/UebergangGestaltenKitaSchule.pdf?__blob=publicationFile&v=5
Thüringen	15	Die Kooperation zwischen Kita erfolgt mithilfe des Übergangsbuchs. Das letzte Kitajahr vor der Einschulung ist in Thüringen ab Januar 2018 kostenlos.	http://www.bildungsserver.de/pdf/TH1Probeseiten_Uebergangsbuch_2009-12-15.pdf

QR-Codes

1	**2**	**3**	**4**
5	**6**	**7**	**8**
9	**10**	**11**	**12**
13	**14**	**15**	

Die Schuleinschreibung

Bundesland	QR-Codes	Links
Baden-Württemberg	1	https://www.service-bw.de/lebenslage/-/sbw/Grundschule-5001463-lebenslage-0
Bayern	2	https://www.freistaat.bayern/dokumente/leistung/13885875650
Berlin-Brandenburg	3	https://www.berlin.de/sen/bildung/schule/bildungswege/grundschule/anmeldung/ https://mbjs.brandenburg.de/bildung/allgemeinbildende-schulen/grundschule/vor-der-einschulung.html
Bremen	4	https://www.bildung.bremen.de/grundschule-3719
Hamburg	5	http://www.hamburg.de/grundschulen/
Hessen	6	https://kultusministerium.hessen.de/schulsystem/schulwahl/schulformen/grundschule/haeufig-gestellte-fragen-faq-zum-schulanfang
Mecklenburg-Vorpommern	7	https://www.bildung-mv.de/schueler/schule-und-unterricht/schularten/grundschule/einschulung/
Nieder-sachsen	8	https://www.mk.niedersachsen.de/startseite/schule/unsere_schulen/allgemein_bildende_schulen/grundschule/vor_einschulung/vor-der-schule-149343.html
Nordrhein-Westfalen	9	https://www.schulministerium.nrw.de/docs/Schulsystem/Schulformen/Grundschule/Anmeldung/index.html
Rheinland-Pfalz	10	https://schulwechsel.bildung-rp.de/grundschule.html
Saarland	11	http://sl.juris.de/cgi-bin/landesrecht.py?d=http://sl.juris.de/sl/gesamt/SchulPflG_SL.htm
Sachsen	12	https://www.schule.sachsen.de/1788.htm
Sachsen-Anhalt	13	https://bildung.sachsen-anhalt.de/schulen/weitere-schulinfos/schulformen/allgemein-bildende-schulen/grundschulen/die-grundschule/
Schleswig-Holstein	14	https://www.schleswig-holstein.de/DE/Fachinhalte/S/schulsystem/einschulung.html
Thüringen	15	https://www.thueringen.de/th2/tmbjs/bildung/schulwesen/schulsystem/grundschule/index.aspx

QR-Codes

1	**2**	**3**	**4**
5	**6**	**7**	**8**
9	**10**	**11**	**12**
13	**14**	**15**	

Schulärztliche Untersuchung/Bogen

Der Ablauf der schulärztlichen Untersuchungen ist in den einzelnen Bundesländern unterschiedlich geregelt. Informieren Sie sich über die Abläufe und, wo angeboten, über Formulare in Ihrem Bundesland.

Bundesland	QR-Codes	Links
Baden-Württemberg	1	https://www.service-bw.de/leistung/-/sbw/Einschulungsuntersuchung-1252-leistung-0#sb-id-toc-block3
Bayern	2	https://www.lgl.bayern.de/downloads/gesundheit/praevention/doc/schuleingangsuntersuchung_flyer.pdf
Berlin-Brandenburg	3	https://www.berlin.de/ba-steglitz-zehlendorf/politik-und-verwaltung/aemter/gesundheitsamt/kinder-und-jugendgesundheitsdienst/artikel.91465.php http://vv.potsdam.de/vv/Anamnesebogen__Einschulung__01.11.2017.pdf
Bremen	4	https://www.gesundheitsamt.bremen.de/schulaerztlicher_dienst-1645
Hamburg	5	https://www.hamburg.de/behoerdenfinder/hamburg/11265387/
Hessen	6	https://www.wiesbaden.de/vv/medien/formulare/53/Elternfragebogen.pdf https://www.wiesbaden.de/vv/produkte/53/141010100000009706.php
Mecklenburg-Vorpommern	7	http://www.lk-mecklenburgische-seenplatte.de/media/custom/2761_516_1.PDF?1510217169 http://www.lk-mecklenburgische-seenplatte.de/Schnellnavigation/Startseite/Einschulungsuntersuchung.php?object=tx,2761.2.1&ModID=10&FID=2037.276.1&NavID=2761.1&La=1&ort=0
Niedersachsen	8	https://www.nlga.niedersachsen.de/gesundheitsberichterstattung/gesundheitsberichte/schuleingangsuntersuchung_seu/spezialberichte-122678.html
Nordrhein-Westfalen	9	https://www.dortmund.de/de/leben_in_dortmund/gesundheit/gesundheitsamt/kinderundjugendliche/einschulungsuntersuchung/index.html https://www.dortmund.de/media/p/gesundheitsamt_6/pdf_3/kinder/einschulungsuntersuchungen/Flyer_Schuleingangsuntersuchung.pdf https://www.dortmund.de/media/p/gesundheitsamt_6/pdf_3/kinder/einschulungsuntersuchungen/Elternfragebogen.pdf
Rheinland-Pfalz	10	https://www.rlp-buergerservice.de/bis/rheinpfalzkreis_bis/eintrag_details.jsf?_id=1607&_linked_keyword=HU https://www.rlp-buergerservice.de/bis/rheinpfalzkreis_bis/ressource.do?id=82160&_type=file
Saarland	11	https://www.saarland.de/dokumente/thema_gesundheit/Sammelmappe_Einschulbericht_2015.pdf https://www.saarpfalz-kreis.de/dokumente/Eltern_Fragebogen.pdf

Sachsen	12	https://www.familie.sachsen.de/7534.html
Sachsen-Anhalt	13	https://buerger.sachsen-anhalt.de/detail?areaId=300871&pstId=13327676
Schleswig-Holstein	14	https://www.schleswig-holstein.de/DE/Themen/S/schule_eingangsuntersuchung.html
Thüringen	15	http://include-th.zfinder.de/IWFileLoader?tsaid_oeId=387566&tsaid_fileId=716776&

QR-Codes

1	2	3	4
5	6	7	8
9	10	11	12
13	14	15	

Tipps für die Schuleinschreibung

 Tipp 1: Laden Sie alle Eltern der zukünftigen Abc-Schützen zu einem ersten Elternabend ein, erklären Sie die Abläufe der Schuleinschreibung und des Schulbeginns, teilen Sie die benötigten Formulare aus und geben Sie Tipps, wie Eltern ihre Kinder vor Schuleintritt unterstützen und auf die 1. Klasse vorbereiten können. Dieser Termin kann in zwei Termine gesplittet werden. Etwa ein Jahr vor der Einschulung (Schuljahresbeginn/Herbst oder Winter Vorjahr) kann ein Termin zum Thema Schulvorbereitung stattfinden, etwa ein halbes Jahr vor Einschulung kann dann ein organisatorischer Elternabend stattfinden, in welchem es um die Schuleinschreibung und die Einschulung geht.

 Tipp 2: Für die Schuleinschreibung gestalten Sie ein Begrüßungs-Plakat mit Tagesplan und Wegbeschreibung oder schicken Sie die Familien mit einem Laufzettel auf die erste Schulerkundung. Mithilfe dieser Unterstützung werden die Eltern und Kinder sicher abgeholt und gleich zur richtigen Stelle (Sekretariat, Einschreibungsraum etc.) geführt.

 Tipp 3: Schaffen Sie eine Wohlfühlatmosphäre, indem Sie Ihren Schulchor oder Ihre Instrumental-AG fröhliche Willkommenslieder präsentieren lassen. Die Eltern und Kinder werden so unterhalten und erhalten einen positiven Eindruck davon, was Sie an der Schule gemeinsam leisten und was ihre Kinder erwartet. Einige Lieder laden vielleicht die zukünftigen Schulkinder ein mitzumachen.

 Tipp 4: Bieten Sie für die Kinder einen kleinen Stationenlauf an, so können Sie sich einen ersten Eindruck über die Kinder verschaffen und diese lernen die zukünftige Schule spielerisch kennen. Anleitungen und Vorlagen finden Sie auf den folgenden Seiten.
Zur Überbrückung der entstehenden Wartezeiten laden Sie die Eltern auf eine Tasse Kaffee und ein Stück Kuchen ein. Die Eltern können miteinander ins Gespräch kommen und sich austauschen.

 Tipp 5: Am Ende des Tages verteilen Sie Urkunden für die Familien. So findet dieser besondere Tag einen runden Abschluss.

Lieder für die Schuleinschreibung

 Ich geh jetzt in die Schule (Stephen Janetzko)

Refrain:

Ich geh jetzt in die Schule, Schule, Schule,
ich geh jetzt in die Schule, das macht mir Spaß.
1. Zuerst, da lern ich Schreiben, Schreiben, Schreiben.
   Zuerst, da lern ich Schreiben, das ist nicht schwer.
2. Danach, da lern ich Lesen … das ist nicht schwer.
3. Danach, da lern ich Rechnen … das ist nicht schwer.
4. Danach, da lern ich Malen … das ist nicht schwer.
5. Danach, da lern ich Turnen … das ist nicht schwer.
6. Wir sprechen von der Erde … und vielem mehr.
7. Danach, da lern ich Englisch … das ist nicht schwer.
8. Danach, da lern ich Flöten (alternativ: Singen) … das ist nicht schwer.
9. Dann höre ich von Jesus … und seiner Zeit.

Spielanregung:

Ein Schul-Lied rund um die verschiedenen Fächer, vom Schreiben, Lesen und Rechnen über Malen und Turnen bis zu Musik, Sachunterricht, Englisch und Religion.
Während wir beim Refrain mitklatschen, können wir zu den Strophen jeweils passende Bewegungen oder Gesten machen, z. B. so tun, als würden wir mit einem Füller schreiben, die Finger abzählen usw.
Es können auch bei jeder Strophe die vorangegangenen wiederholt werden, sodass das Lied immer länger wird, je mehr Strophen wir singen. Auch kann man Strophen und Refrain ähnlich wie beim Kanon übereinander singen. Kennt Ihr noch mehr Schulfächer? Dann erfindet weitere Strophen hinzu! Auch für Vorschüler zur Schulvorbereitung nutzbar.

Text: Stephen Janetzko   Verlag: © Edition SEEBÄR-Musik Stephen Janetzko
Musik: Stephen Janetzko   Web: www.kinderlieder-und-mehr.de

https://www.youtube.com/watch?v=wmJMAd1fZmc **QR-Code:**

 Ich will euch begrüßen und mache das so
Ich will euch begrüßen und mache das so:
Hallo (Klatsch klatsch) hallo (klatsch klatsch).
Schön dass ihr hier seid und nicht anderswo.
Hallo (Klatsch klatsch), hallo (klatsch klasch).
Hallo, hallo, hallo: Hallo, hallo, hallo.

Spielanregung:

Man kann verschiedene Bewegungen zum Lied machen (Winken, Stampfen, Flüstern).

Einladungen Informationsabende zur Schuleinschreibung

Name der Schule
Straße
Ort
Telefon

Datum

Informationsabend zum Thema „Fit für die Schule"

Liebe Eltern,
bald ist es soweit! Ihr Kind _____ wird nächstes Jahr die Kindertages-stätte verlassen und in die 1. Klasse eingeschult werden.

Damit der Start in die Grundschule für Ihr Kind gut gelingt, möchten wir Ihnen bereits heute unsere Schule vorstellen und Ihnen einfache Ideen zeigen, wie Sie Ihr Kind bei der Vorbereitung und beim Start in die Schule unterstützen können.

Wir laden Sie deshalb ganz herzlich zu einem ersten Informationsabend in unsere Schule ein. Dieser findet statt:

Datum
Uhrzeit
Schuladresse, Raum

Wir freuen uns sehr, wenn Sie uns in der Schule besuchen.
Herzlich willkommen!

Mit freundlichen Grüßen

Schulleitung

Einladungen Informationsabende zur Schuleinschreibung

Name der Schule
Straße
Ort
Telefon

Datum

Informationsabend zum Thema „Schuleinschreibung Ihres Kindes"

Liebe Eltern,
bald ist es soweit! Ihr Kind _____ wird in wenigen Monaten die Kinder-
tagesstätte verlassen und in die 1. Klasse eingeschult werden.

Damit der Start in die Grundschule für Ihr Kind gut gelingt, möchten wir Sie schon jetzt
über alle wichtigen Termine, den Ablauf der Schuleinschreibung und den Schulstart
informieren.

Wir laden Sie deshalb ganz herzlich zu einem weiteren Informationsabend in unsere
Schule ein. Dieser findet statt:

Datum
Uhrzeit
Schuladresse, Raum

Wir freuen uns sehr, wenn Sie uns in der Schule besuchen.
Herzlich willkommen!

Mit freundlichen Grüßen

Schulleitung

Stationen für den Tag der Schuleinschreibung

 Station: Anfangsbuchstaben
Jedes Kind erhält ein DIN-A4-Blatt auf dem jeweils sein Anfangsbuchstabe gedruckt ist. Die Anfangsbuchstaben sind ganz einfach von Ihnen in Word® vorzubereiten. Die Kinder malen jeweils um den Buchstaben herum Dinge, die mit ihrem Anfangsbuchstaben/Anfangslaut beginnen. So erfassen Sie für jedes Kind, wie weit es im Bereich „Phonologische Bewusstheit" ist. Gerne können die Kinder auf die Vorlage auch ihren Namen schreiben.

 Station: Mengen und Zahlen
Durch Ausfüllen des Arbeitsblattes wiederholen die Kinder Mengen, Zahlen und Farben. Sie sehen, wie weit das Kind bereits mathematische Vorläuferfähigkeiten aufgebaut hat.

 Station: Malen und Konzentration
Die Kinder malen eines der Mandalas aus. Sie sehen, wie sich das Kind konzentrieren kann, wie weit seine motorischen Fähigkeiten sind und wie es durch das Ausmalen entspannt.

 Station: Erzählen
Die Kinder bringen eine Bildgeschichte in die richtige Reihenfolge und erzählen dazu. Sie erhalten einen kurzen Überblick über die sprachlichen Kompetenzen des Kindes.

 Station: Hampelmann
Die Kinder turnen dreimal den Hampelmann. So können auf einen Blick motorische Defizite des Kindes ermittelt werden.

Stationen für den Tag der Schuleinschreibung – Auswertung

Name des Kindes:

Station	Kommentar
Station: Anfangsbuchstaben/ Anfangslaute	
Station: Mengen und Zahlen	
Station: Malen und Konzentration	
Station: Erzählen	
Station: Hampelmann	

Station: Mengen und Zahlen

Die Kinder zählen, ermitteln jeweils die Menge und ordnen die richtige Zahl zu.
Sie schreiben Zahlen, malen die Bilder aus und ergänzen eigene Zeichnungen.

Station: Malen und Konzentration

Die Kinder malen ein Mandala aus. Sollte die Einschreibung rund um Ostern liegen, so bietet sich das entsprechende Mandala an. Die Mandalas können größer ausgedruckt oder größer kopiert werden.

Station: Erzählen

Die Kinder bringen die Geschichte in die richtige Reihenfolge und erzählen dazu. Sollte die Einschreibung rund um Ostern liegen, so bietet sich die entsprechende Bildgeschichte an. Die Bildgeschichten können größer ausgedruckt oder größer kopiert werden.

Urkunde

für

_____

Du hast die Aufgaben gut gelöst. Bald bist du ein Schulkind!
Wir freuen uns schon sehr auf dich!

5. Die Fortbildungsplanung übernehmen

Ausgangssituation

Der Alltag an unseren Schulen wird – durch die sich verändernden Rahmenbedingungen – immer stressiger. Oft haben die Lehrkräfte aller Schularten das Gefühl, nur noch zu funktionieren. Neue Ideen für den Unterricht zu entwickeln oder sich mit aktuellen Themen der Bildungslandschaft intensiver zu beschäftigen und daraus wieder Motivation für den Beruf zu ziehen, das ist heutzutage sehr schwierig. Gelungene Lehrerfortbildungen für das Kollegium können dazu beitragen, dass Schulen, trotz der immensen Herausforderungen, wieder ihre Schüler und ihre Schule gemeinsam voranbringen. Ein gemeinsam erstelltes Fortbildungskonzept ist die Grundlage dieser Entwicklung. Ihnen als Konrektor kommt oft die Aufgabe zu, dieses Konzept, gemeinsam mit den Kolleginnen und Kollegen an der Schule, auf den Weg zu bringen.

Was sind die rechtlichen Grundlagen?

Lehrerinnen und Lehrerinnen unterliegen einer Fortbildungspflicht, die in den folgenden Gesetzen geregelt ist. Die Fortbildungen sollen dabei in erster Linie schulintern stattfinden, auch in der unterrichtsfreien Zeit, damit möglichst wenig Unterrichtsausfall entsteht. Auch die Kooperation zwischen Schulen ist möglich, will man zum gleichen Thema eine Fortbildung buchen. Angebote von Fortbildungsinstituten findet man im Internet oder über Ihr Schulamt. Dieses stellt auch Moderatoren für die Fortbildungen zur Verfügung. Nach Abschluss der Fortbildung erhalten die Teilnehmenden eine Teilnahmebestätigung. Alles zum Thema Fortbildungspflicht und -recht für Ihr Bundesland finden Sie hier:

Grundlage	QR-Code	Link
Schulgesetze der Länder	1	https://www.kmk.org/dokumentation-statistik/rechtsvorschriften-lehrplaene/uebersicht-schulgesetze.html
Landesbeamtengesetze	2	http://www.bundesbeamtengesetz.org/beamtengesetz/
Landesverordnungen der Länder	3	http://www.saarheim.de/Gesetze_Laender/lvo_laender.htm
Erlasse der Länder		In den Erlassen zum Thema in Ihrem jeweiligen Bundesland

QR-Codes

1	2
3	

Wie entsteht ein Fortbildungskonzept?

Hintergrund

Jede Schule gestaltet ein eigenes Fortbildungskonzept als Teil der Schulentwicklung und angelehnt an die im Schulprogramm genannten Schwerpunkte und Ziele. Die Fortbildungsbedarfe der Lehrkräfte sollten dabei ebenfalls Berücksichtigung finden.

Dieses Fortbildungskonzept führt die Schulentwicklung kontinuierlich weiter fort und hilft dabei, das Thema für alle Lehrkräfte transparent zu machen. Deshalb sollten Sie, gemeinsam mit der Schulleitung und dem Schulleitungsteam, diese Aufgabe angehen und alle Kolleginnen und Kollegen ins Boot holen.

Erste Vorstellung in der Gesamtkonferenz

In einer der ersten Gesamtkonferenzen des Schuljahres sollten Sie das Thema vorstellen. Dann kann gemeinsam ein Fortbildungsbeauftragter bestimmt werden, mit dessen Hilfe Sie die Aufgabe „Erstellung eines Fortbildungskonzepts für das neue Schuljahr" meistern können.

Folgende Fragen helfen Ihnen dabei:

- Was ist unser Ziel? Wie kommen wir alle dorthin? Welche Fortbildungen sind für unsere Schulentwicklung (unser Schulprogramm) wichtig?
- Was brauchen wir alles und wie können wir uns fortbilden?
- Zu welchen Themen sind Fortbildungen nötig?
- Welche Kompetenzen müssen geschult werden?
- Benötigen bestimmte Jahrgangsstufenlehrkräfte bestimmte Fortbildungen?
- Brennt es bei bestimmten wichtigen Themen?
- Sieht der Schulleiter bei bestimmten Themen erhöhten Fortbildungsbedarf?
- Wie können wir die Ergebnisse der Fortbildung für alle nutzbar machen?
- Notieren Sie alle Antworten und geben Sie den Kollegen Zeit, in den Jahrgangsteams und in den Fachkonferenzen miteinander zu diskutieren und Wünsche zu sammeln. Zu einem bestimmten Stichtag sammeln Sie die Fortbildungswünsche ein.

Konkrete Planungen

Gemeinsam mit der Schulleitung und der Fortbildungsbeauftragten prüfen Sie diese Wünsche und legen fest, welche Themen gebucht werden können und welche Kolleginnen und Kollegen teilnehmen können. Diese weiteren Fragen helfen Ihnen dabei.

- Welche genauen Fortbildungen wollen wir buchen? Welche Anbieter gibt es?
- Wie lange dauert diese Veranstaltung? Was kostet sie? Wer darf (mal wieder) an dieser Fortbildung teilnehmen? Wird niemand benachteiligt?
- Ist diese Fortbildung an eine Funktion gebunden?
- Informieren Sie sich über Fortbildungsangebote und Preise und buchen Sie die entsprechenden Referenten.
- Tragen Sie alle Fortbildungen in einen Jahreskalender ein und informieren Sie die Teilnehmenden.

Buchen Sie Räume an der Schule, in denen die Fortbildungen stattfinden können.

Klären Sie, ob Sie einen externen oder internen Moderator für die Fortbildung benötigen.

Umsetzung und Nachbereitung der Fortbildungen

Die Fortbildungen finden schulintern statt und werden nach bestimmten Kriterien nachbereitet. In einer Sitzung mit ausgewählten Teilnehmern oder in der Gesamtkonferenz werden die Ergebnisse jeder Fortbildung präsentiert und festgehalten. Jeder Kollegin erhält eine Zusammenfassung. Die Fortbildungen im Schuljahr werden von Ihnen kurz dokumentiert: Was war das Thema, wer hat teilgenommen, wie teuer war die Veranstaltung? Wie zufrieden waren Sie mit dem Referenten?

Neue Formen von Fortbildungen (z. B. Webinare)

Zunehmend bieten Anbieter auch online-gestützte Webinare an, die schulintern und auch privat besucht werden können.

Fortbildungsplan

Thema	Teilnehmer	Inhalte	Geplanter Termin	Dauer der Veranstaltung	Referent	Status

Jahresterminplaner für die Kollegen und Eltern

Als Konrektor sind Sie immer am Planen und sollen sich ganz viel merken. Damit Sie, die Kollegen und die Eltern nicht den Überblick verlieren, tragen Sie doch einfach alle bereits feststehenden Termine in die jeweilige Vorlage ein (Fortbildungen oder auch Schulferien, Feiertage, Feste, Wandertage, Schularzttermine, Prüfungen der Referendare etc.).

Januar	Februar	März	April	Mai	Juni	Juli	August	September	Oktober	November	Dezember
1	1	1	1	1	1	1	1	1	1	1	1
2	2	2	2	2	2	2	2	2	2	2	2
3	3	3	3	3	3	3	3	3	3	3	3
4	4	4	4	4	4	4	4	4	4	4	4
5	5	5	5	5	5	5	5	5	5	5	5
6	6	6	6	6	6	6	6	6	6	6	6
7	7	7	7	7	7	7	7	7	7	7	7
8	8	8	8	8	8	8	8	8	8	8	8
9	9	9	9	9	9	9	9	9	9	9	9
10	10	10	10	10	10	10	10	10	10	10	10
11	11	11	11	11	11	11	11	11	11	11	11
12	12	12	12	12	12	12	12	12	12	12	12
13	13	13	13	13	13	13	13	13	13	13	13
14	14	14	14	14	14	14	14	14	14	14	14
15	15	15	15	15	15	15	15	15	15	15	15
16	16	16	16	16	16	16	16	16	16	16	16
17	17	17	17	17	17	17	17	17	17	17	17
18	18	18	18	18	18	18	18	18	18	18	18
19	19	19	19	19	19	19	19	19	19	19	19
20	20	20	20	20	20	20	20	20	20	20	20
21	21	21	21	21	21	21	21	21	21	21	21
22	22	22	22	22	22	22	22	22	22	22	22
23	23	23	23	23	23	23	23	23	23	23	23
24	24	24	24	24	24	24	24	24	24	24	24
25	25	25	25	25	25	25	25	25	25	25	25
26	26	26	26	26	26	26	26	26	26	26	26
27	27	27	27	27	27	27	27	27	27	27	27
28	28	28	28	28	28	28	28	28	28	28	28
29		29	29	29	29	29	29	29	29	29	29
30		30	30	30	30	30	30	30	30	30	30
31		31		31		31	31		31		31

6. Die Schulferien vorbereiten

Informationen für die Lehrkräfte – Anwesenheit in den Ferien

Die Autorin orientiert sich in diesem Kapitel am Schulgesetz Nordrhein-Westfalen. Die Schulgesetze der anderen Bundesländer geben ähnliche Rahmenbedingungen vor.

Rund um die Schulferien heißt es für Sie Planen und Informieren.
Zunächst ist festzustellen, dass die Ferienzeit nicht gleichzusetzen ist mit der Urlaubszeit. Auch Lehrkräfte haben – wie alle übrigen Beschäftigten im öffentlichen Dienst, einen Anspruch auf 30 Tage Urlaub im Jahr. Diese sind in den Ferien zu nehmen. In den Schulen wird häufig die letzte Woche in den Sommerferien dazu genutzt, Vorbereitungen für das neue Schuljahr zu treffen. Grundlage hierfür ist z. B. der § 14 Abs. 2 Satz 2 ADO. Dieser führt aus: „In der letzten Woche vor Unterrichtsbeginn des neuen Schuljahres müssen sich die Lehrer und Lehrerinnen zur Dienstleistung für schulische Aufgaben bereithalten, soweit dies für die organisatorische Vorbereitung des neuen Schuljahrs erforderlich ist und vorher angekündigt wurde. Die Pflicht zur frühzeitigen Ankündigung gilt auch für die Vorbereitung und Abnahme von Nachprüfungen und für schulinterne Fortbildungen." Hieraus geht zwar hervor, dass üblicherweise ein Urlaub nicht die letzte Woche in den Sommerferien umfassen sollte, jedoch auch, dass dies rechtzeitig angekündigt werden muss. Auch das Schulgesetz enthält einige Regelungen, die die Anwesenheit in den Ferien regeln. Der § 42 Abs. 7 erklärt, dass Nachprüfungen vor Unterrichtsbeginn des neuen Schuljahres stattfinden, somit also zwingend in der Sommerferienzeit. Gemäß § 59 Abs. 2 Nr. 5 ist der/die Schulleiter/in dafür verantwortlich, dass alle Vorbereitungen zum Unterrichtsbeginn des neuen Schuljahres abgeschlossen sind. Zudem erwähnt der § 57 Abs. 3, dass Lehrkräfte verpflichtet sind, auch in der unterrichtsfreien Zeit an Fortbildungen teilzunehmen. Wenn also hier eine Fortbildung in die letzte Ferienwoche gelegt wird, so ist diese auch zu besuchen. Hier kann die Lehrerkonferenz nach § 68 SchulG Grundsätze zur Fortbildungsgestaltung festlegen.

Wichtig

Eine generelle Anwesenheitspflicht in der letzten Woche der Sommerferien ergibt sich nicht aus § 14 Abs. 2 Satz 2 ADO oder den Vorschriften aus dem Schulgesetz. Vielmehr müssen die notwendigen Arbeiten zur Vorbereitung des Schuljahres, das auf die Sommerferien folgt, rechtzeitig angekündigt und benannt werden. Als angemessener Zeitraum kann das Ende des Schulhalbjahres angesehen werden. Eine detaillierte Planung mit der Möglichkeit, die Präsenz nicht abzurufen, kann allerdings auch noch kurzfristig erfolgen. Zudem hat gemäß § 68 Abs. 3 Nr. 7 SchulG die Lehrerkonferenz hier ein Mitsprache -und Entscheidungsrecht, welches allerdings nicht so weit gehen darf, dass in der letzten Schulwoche keine Anwesenheit verpflichtend festgelegt werden kann.
Für Schulleitung gilt hier der § 30 Abs. 2 ADO. Auch in den Schulferien müssen die Dienstgeschäfte der Schulleitung ausreichend wahrgenommen werden. Über die jeweils getroffene Vertretungsregelung für die Schulferien sind die zuständigen Schulaufsichtsbehörden und der Schulträger rechtzeitig vor dem Beginn der Ferien zu unterrichten.

© VBE – Inka Schmidtchen: Die Schulferien vorbereiten, Lehrerrat aktuell 06/2014

Informationen für die Schulleitung – Anwesenheit in den Ferien

Sechs Wochen Sommerferien: Das klingt erstmal toll! Die Zusammenfassung der Gesetzeslage zeigt exemplarisch am Beispiel Nordrhein-Westfalen, dass die Schulleitung auch in den Ferien ihren Dienstgeschäften nachkommen muss. Doch mit guter Planung im Schulleitungsteam (auch durch Ihre Hilfe) lässt sich die Wahrnehmung der Dienstgeschäfte und die Betreuung des Schulgebäudes gut sicherstellen, sodass die Last nicht allein nur auf den Schultern der Schulleiterin oder des Schulleiters liegt. Kommunizieren Sie nach außen, z. B. auf Ihrer Schulhomepage, als Aushang in und an der Schule, wer im Notfall jeweils anzusprechen ist.

Dienstordnung für Lehrkräfte an staatlichen Schulen in Bayern (Lehrerdienstordnung – LDO § 26)

Anwesenheit der Schulleiterin oder des Schulleiters

(1) [1]Die Schulleiterin oder der Schulleiter muss in der Regel in der Hauptunterrichtszeit in der Schule anwesend sein. [2]Im Übrigen richtet sich die Anwesenheit nach den dienstlichen Erfordernissen. [3]Auch während der Ferien muss die Wahrnehmung der Dienstgeschäfte der Schulleitung in ausreichendem Maße sichergestellt sein.

(2) [1]Die Schulleiterinnen und Schulleiter von Realschulen, Beruflichen Oberschulen und Gymnasien zeigen ihren Erholungsurlaub unter Benennung der Vertretung der oder dem Ministerialbeauftragten an, die Schulleiterinnen und Schulleiter der übrigen Schulen der vorgesetzten Schulaufsichtsbehörde. [2]Der Erholungsurlaub der Schulleiterin oder des Schulleiters außerhalb der Ferienzeit bedarf der Genehmigung der Stelle, die für die Genehmigung auch des Sonderurlaubs zuständig ist (§ 12 Abs. 7).

(3) Erkrankungen von mehr als drei Tagen und die Wiederaufnahme des Dienstes der Schulleiterin oder des Schulleiters, im Vertretungsfall der Vertreterin oder des Vertreters, sind der vorgesetzten Schulaufsichtsbehörde, bei Realschulen, Beruflichen Oberschulen und Gymnasien zusätzlich der oder dem Ministerialbeauftragten anzuzeigen.

Erreichbarkeit während der Schulferien

Liebe Eltern, liebe Besucher,

in dringenden Fällen sind folgende Ansprechpartner unserer Schule in den Schulferien für Sie erreichbar. Setzen Sie sich gerne mit uns in Verbindung.

Mit freundlichen Grüßen

Die Schulleitung

Zeitraum von	bis	Uhrzeit	Schulleitung/Lehrkraft	Telefonnummer
Notfallnummer:				

Informationen für Eltern – Ferienplan für den Schuljahresanfang

Liebe Eltern,
hier finden Sie die Ferienzeiten und die beweglichen Ferientage für das kommende Schuljahr. Es sind hier jeweils immer der erste und der letzte Ferientag angegeben.

Herbstferien		
Weihnachtsferien		
Winterferien/Faschingsferien		
Osterferien		
Pfingstferien		
Sommerferien		
Brückentag:		
Brückentag:		

Bitte beachten Sie die Schulbesuchsordnung unseres Kultusministeriums über die Pflicht Ihres Kindes zur Teilnahme am Unterricht und an sonstigen Schulveranstaltungen. Unterrichtsfreistellungen, die über genannte Ferienzeiten hinausgehen, sind nur in besonderen begründeten Ausnahmefällen möglich, die in der Schulbesuchsordnung genannt sind. Bitte stellen Sie mindestens zwei Wochen vor dem gewünschten Termin einen Antrag an die Schulleitung. Außerplanmäßige Unterrichtsbefreiungen aus Urlaubsgründen sind leider nicht möglich. Verstöße gegen die Schulbesuchsordnung können mit Bußgeld geahndet werden.

Mit freundlichen Grüßen

Die Schulleitung

Informationen für Eltern – Elternbrief für das Schuljahresende

Liebe Eltern,
bald ist es soweit. Ein Schuljahr mit vielen tollen Erlebnissen liegt hinter uns. Danke, dass wir diese schönen Momente und Lernfortschritte Ihrer Kinder gemeinsam mit Ihren Kindern und Ihnen erleben durften. Nun starten wir am _____ endlich in die Sommerferien. Wir wünschen Ihnen und Ihren Kindern eine schöne und erholsame Ferienzeit.

Hier noch alle wichtigen Informationen für den Start des neuen Schuljahres für Sie auf einen Blick:

Ereignis	Termin
Einschulung der neuen Schüler	
Schulbeginn für alle weiteren Klassen	
Unterricht in den ersten Tagen	
Neuigkeiten	

Wir wünschen Ihnen alles Gute und freuen uns schon auf das kommende Schuljahr!

Ihre Schulleitung und alle Kolleginnen und Kollegen der _____.

7. Die Mobilitäts- und Verkehrserziehung planen

Empfehlungen der Kultusministerkonferenz

Die Mobilitätserziehung an Schulen ist ein Thema in allen Klassenstufen und in allen Schularten. Dachte man früher bei diesem Thema eher an die Fahrradprüfung, so sind heute viele Themenfelder dazugekommen, die alle von Ihnen behandelt werden sollen. Damit Sie einen schnellen Überblick bekommen, was Sie zu diesem Thema an Ihrer Schule tun können, finden Sie im Folgenden kurze Steckbriefe zu jedem Lernfeld. Durch einen Blick in die Empfehlungen zur Mobilitäts- und Verkehrserziehung in der Schule der Kultusministerkonferenz, erhalten Sie einen ersten Überblick, der Ihnen, neben den Lehrplänen für die Grundschule und Sekundarstufe, als Grundlage für Ihr Handeln dienen kann. Die Mobilitäts- und Verkehrserziehung ist eine übergreifende Bildungs- und Erziehungsaufgabe der Schule. Mit ihrer „Empfehlung zur Mobilitäts- und Verkehrserziehung in der Schule" (Beschluss der KMK vom 07.07.1972 i.d.F. vom 10.05.2012) hat die Kultusministerkonferenz ihre Empfehlung aus dem Jahr 1994 weiterentwickelt. „Neu ist dabei die Erweiterung zur Mobilitäts- und Verkehrserziehung. Hinzugekommen sind neue gesellschaftlich relevante Aspekte wie Klimaschutz, Ressourcenverbrauch, Verkehrsraumgestaltung, zukunftsfähige Mobilität sowie die Förderung der selbstständigen Mobilität der Schülerinnen und Schüler. Die didaktischen Grundsätze greifen die neuen Lernformen auf, nennen explizit die Erfahrungs-, Handlungs- und Umgebungsorientierung. Heterogenität der Lerngruppen und individuelle Förderung sind berücksichtigt, Fragen der Inklusion einbezogen. Der curriculare Ansatz geht von der Rolle der Schülerinnen und Schüler als Verkehrsteilnehmer aus und entwickelt ein Spiralcurriculum für Kinder, Jugendliche und junge Erwachsene. Mobilitäts- und Verkehrserziehung wird nicht nur als schulische, sondern als gesamtgesellschaftliche Aufgabe gesehen, wobei Polizei, Eltern, Verbände und weitere außerschulische Partner zusammenarbeiten. Auf diesem Hintergrund sind in diesen Empfehlungen nicht nur Kompetenzen formuliert, sondern Inhalte/Themen genannt. Ebenso ist im Hinblick auf die Zusammenarbeit mit der Polizei der Begriff „Verkehrserziehung" erhalten geblieben. Inhalte der klassischen Verkehrserziehung und Inhalte der Mobilitätserziehung werden zusammen gesehen und bilden im Unterricht eine Einheit."

Vgl. Empfehlung zur Mobilitäts- und Verkehrserziehung in der Schule (Beschluss der KMK vom 07.07.1972 i.d.F. vom 10.05.2012)

Erarbeiten Sie ein schulinternes Konzept zur Verkehrserziehung. Es sollte folgende Elemente enthalten und sich an oben dargestellten Ausführungen orientieren. Die Verkehrserziehung gelingt am besten, wenn Schulleitung, Kollegium und Eltern in einem Boot sitzen.

Die Schulwegplanung

Gibt es an Ihrer Grundschule einen Schulwegplan? Dann stellen Sie diesen den Eltern der Schule zur Verfügung und erklären Sie auf dem Einschulungsabend den genauen Weg. Auch ein schriftliches Anschreiben an die Eltern mit allen wichtigen Informationen kann nicht schaden. Gibt es diesen Schulwegplan nicht, dann sollten Sie diesen, gemeinsam mit Ihren Kollegen, den Eltern und ggf. auch den Kindern, erarbeiten. Er sollte wichtige Informationen, Bilder und Erklärungen enthalten:

- Schulstandort
- Schulwegvorschläge aus verschiedenen Richtungen
- Gefährliche Stellen auf diesen Wegen
- Stellen, wo die Kinder sicher die Straße überqueren können
- Standorte der Schülerlotsen
- Maßstab, Ersteller dieses Plans, Kontakt in der Schulleitung, Jahr der Erstellung

Wenn Sie besonders engagierte Kolleginnen, Kollegen und Eltern haben und auch die Stadt oder Gemeinde mitspielt, markieren Sie die Schulwege gemeinsam mit aufklebbaren Fußspuren, so finden die Schüler sicher den Weg. Zusätzlich üben Sie mit den Kindern der Anfangsklassen immer wieder die Regeln:
- Wir achten auf die Straße, die Fahrzeuge, die Ampeln und die Verkehrszeichen. Wir bleiben bei Rot immer stehen, wir gehen nur, wenn die Ampel Grün zeigt.
- Wenn ihr über die Straße geht, seht vorher immer nach links, nach rechts und wieder nach links.
- Zeigt den Autofahrern an, dass ihr die Straße überqueren wollt.
- Lauft langsam und nie in der Nähe von parkenden Autos über die Straße. Die Autofahrer können euch so nicht sehen.

Die Grundlagen für die Mobilitätserziehung: Sehen, Hören, Bewegen, erstes Radfahren

Sich sicher im Verkehr bewegen – das kann ein Kind nicht von heute auf morgen. Die Grundlagen müssen und können ganz spielerisch in Kita und Anfangsunterricht geschaffen werden und zwar durch zielgerichtetes Training der Motorik sowie Schulung der Wahrnehmung und Sinne. Erarbeiten Sie im Kollegium ein gemeinsames Motorik-Wahrnehmungsprogramm entsprechend für alle Altersstufen, welches Sie immer wieder anbieten. Dieses kann für die Grundschule folgende Übungen enthalten:
- Alle Kinder laufen in der Klasse und in der Schulaula umher. Ein Kind wird bestimmt, es soll andere Kinder durch Zublinzeln versteinern. Die versteinerten Kinder bleiben stehen und sprechen nicht. Welches der „freien" Kinder erkennt den Zublinzler?
- Auch geeignet: Das Spiel Zublinzeln im doppelten Kreis.
- Möglichst lange auf einem Bein stehen, ein Partner stoppt die Zeit mit einer Stoppuhr.
- Ein Buch auf dem Kopf transportieren, auf einer Linie oder umgedrehten Bank balancieren.
- Ich sehe was, was du nicht siehst mit Farben und Formen
- Parcours mit verschiedenen Aufgaben und Fahrzeugen (auf Linie fahren und rennen, Slalom fahren etc.).
- Die Kinder können in den beiden ersten Schuljahren grundlegende Kenntnisse über das Fahrrad erwerben und in regelmäßigen Abständen das Fahrradfahren in ersten Ansätzen trainieren. Die Schüler bringen dafür ihr Rad mit in die Schule. Kinder, die noch nicht fahren können, trainieren mit anderen Fahrgeräten. Die Eltern können hier gut eingebunden werden und zu Hause mit den Kindern trainieren. Das Tragen des Fahrradhelms und die richtige Ausrüstung können in den Klassen 1 und 2 ebenfalls schon behandelt werden.

In den Medien hören wir immer wieder von Jugendlichen, die Opfer eines Unfalls werden, weil sie mit dem Smartphone beschäftigt waren oder Kopfhörer trugen.

Deshalb sollten Sie in den weiterführenden Schulen und höheren Klassen die Jugendlichen ebenfalls immer wieder sensibilisieren. Die Münchner Polizei versucht mit einer Videoreihe „Obacht gebn – sicher ans Ziel" (QR-Code 1: http://www.polizei.bayern.de/muenchen/verkehr/index.html/196668) die jungen Menschen zu erreichen.

QR-Code:

Verkehrserziehung in der Grundschule

Die Radfahrprüfung ist das zentrale Element der Verkehrserziehung an deutschen Grundschulen. Sie können in den Klassen 1 und 2 durch die oben beschriebenen Maßnahmen den Grundstein legen, in den Klassen 3 oder 4 finden dann die Vorbereitung und Radfahrprüfung statt, so ist es in den Lehrplänen aller Länder fixiert und Sie als Mitglied der Schulleitung tragen hier die Verantwortung, arbeiten in der Regel aber eng mit den zuständigen Mitarbeitern der Polizei zusammen, die die praktischen Einheiten mit den Schülern durchführen. Die Lehrpläne der Länder geben Ihnen die genaue gewünschte Stundenzahl für Verkehrserziehung vor. Für die Mobilitäts- und Verkehrserziehung, die integrativ im Fachunterricht oder fächerübergreifend in geeigneten Projekten erfolgt, sind vorzusehen:

- In den Jahrgangsstufen 1 und 4 je 20 Unterrichtsstunden jährlich,
- in den Jahrgangsstufen 2 und 3 je 10 Unterrichtsstunden jährlich,
- in den Jahrgangsstufen 5 und 9 je 20 Unterrichtsstunden jährlich,
- in den Jahrgangsstufen 6, 7, 8 und 10 je 10 Unterrichtsstunden jährlich.

In der Oberstufe der Gymnasien und Gemeinschaftsschulen sowie in den berufsbildenden Schulen erfolgt die Mobilitäts- und Verkehrserziehung orientiert am Erfahrungshorizont der Schülerinnen und Schüler projektbezogen oder integrativ im Fachunterricht. Hier obliegt die Anzahl der dafür verwendeten Unterrichtsstunden der Schule. (Mobilitäts- und Verkehrserziehung/ Schulwegsicherung Erlass des Ministeriums für Bildung und Wissenschaft vom 9. September 2013 –III 402 - 3350.52.12 (NBl. MBK. Schl.-H. 2013 S. 310).

Als Mitglied der Schulleitung sind Sie verantwortlich für die Verkehrserziehung, nicht die Polizei. Sie vermitteln im Sachunterricht die entsprechenden Lehrplaninhalte, sie teilen die Kolleginnen und Kollegen ein, die an der Fahrradprüfung mitwirken und suchen, wenn nötig, weitere Helfer, richten einen Übungsraum ein und besorgen die Unterrichtsmaterialien für den Unterricht. Sie binden am besten auch den Hausmeister mit ein. Er sollte für ausreichend Fahrräder und die richtige Ausstattung (Helme u.a.) sorgen. Fahrrad und Helm können auch von den Kindern mitgebracht und dann geprüft werden. Die Radfahrprüfung wird an den Schulen geplant und beginnt in der Regel in Klasse 3 und endet in Klasse 4. Hier sind natürlich andere Modelle denkbar. Neben theoretischen Inhalten, die die Kolleginnen durchführen, finden, in Zusammenarbeit mit der Polizei, praktische Übungen auf dem Fahrrad statt: geradeaus und um Gegenstände fahren, einhändig fahren, bremsen, um Gegenstände herumfahren, ausweichen. Die Sportkolleginnen und -kollegen bieten flankierend entsprechende Übungen im Sportunterricht an. Darüber hinaus sind Spiele zur motorischen Förderung im Sportunterricht zu empfehlen. In diesem Zusammenhang ist diese Seite zu empfehlen: Das Übungsprogramm http://www.landesverkehrswacht.de/verkehrswacht-region-hannover/mobile-jugendverkehrsschule/die-radfahrpruefung-inhalte-der-ausbildung-klasse-4.html.

QR-Code:

Mit der theoretischen Fahrradprüfung und Abschlussfahrt wird die oben beschriebene Radfahrausbildung beendet. Dabei geht es für die Kinder um eine Standortbestimmung: Was können sie schon gut, was müssen sie noch üben? Kinder brauchen Rückmeldung über ihren Leistungsstand und arbeiten gezielt auf die Lernkontrolle hin. Prüfen, Bestehen oder Versagen stehen hier nicht im Vordergrund, sondern das Erkennen von Stärken und Schwächen. In diesem Sinn haben Lernkontrolle und Abschlussfahrt einen hohen Motivationswert für die gesamte Ausbildung. Die Ergebnisse der Lernkontrolle sind außerdem eine Informationsbasis für die Eltern. Auch nach Abschluss der Radfahrausbildung bleiben die Eltern verantwortlich für die Sicherheit ihrer Kinder und entscheiden tagtäglich, was sie ihnen schon erlauben und wo sie Grenzen ziehen. Eltern benötigen also Informationen über den Leistungsstand ihrer Kinder. Nur so können sie mögliche Risiken im Straßenverkehr realistisch einschätzen und erkennen, was sie mit ihrem Kind noch üben sollten.

Das verkehrssichere Fahrrad

Auf die richtige Ausstattung kommt es an. Der Gesetzgeber hat eine Reihe von Vorgaben gemacht, die ein verkehrssicheres Fahrrad erfüllen muss. Vorgeschrieben sind:
- zwei voneinander unabhängige Bremsen (für Kinder möglichst Hand- und Rücktrittbremse)
- eine Klingel, die nicht zu leise sein sollte
- eine Lampe (vorne)
- ein weißer Reflektor (vorne)
- ein rotes Rücklicht
- ein roter Reflektor (hinten) (Rücklicht und Reflektor können integriert sein. Ein zweiter Reflektor ist ratsam, seit Juli 2017 aber nicht mehr vorgeschrieben.)
- vier gelbe Speichenreflektoren (Katzenaugen) oder reflektierende weiße Streifen an den Reifen oder in den Speichen
- rutschfeste und festverschraubte Pedale, die mit je zwei Pedalreflektoren ausgestattet sind
- Ein Dynamo ist nicht mehr zwingend vorgeschrieben. Seit 2013 sind auch Lampen mit Akku- oder Batteriebetrieb zugelassen.

Verkehrserziehung in der Sekundarstufe

Nach der Grundschule ist das Thema „Verkehrserziehung" nicht beendet. Zahlreiche Unterrichtsideen für die weiterführende Schule finden Sie zum Beispiel hier: https://verkehrserziehung.bildung-rp.de/allgemeine-informationen/beispiele-und-anregungen/sekundarstufe-1.html

QR-Code:

Angebote für Unterricht und AGs: Inlinerfahren

Im Sport-Unterricht der Grundschule und der weiterführenden Schule wird oft das „Inlineskates fahren" trainiert. Auch ein Teil der Mobiltätserziehung, aber nicht ganz unumstritten, denn Ihre Kollegen haben oft Angst, ob sie die Kinder auf Inlineskates noch sicher beaufsichtigen können, sie benötigen viele Materialien für alle Kinder und das Fahren im Schulgebäude ist natürlich auch tabu. Entlasten Sie die Kolleginnen und Kollegen hier ganz einfach. Bieten Sie eine AG zum Thema an. Vielleicht haben Sie einen sportbegeisterten Kollegen im Team, der dieses Thema gerne betreut, oder Sie suchen sich hier erfahrene externe Partner. Die Schüler werden begeistert mitmachen, sie trainieren dabei ihre Gesundheit und Fitness, ihr Gleichgewicht sowie ihre Wahrnehmung und Orientierungsfähigkeit und werden nach und nach immer fitter für ihre Rolle als Verkehrsteilnehmer – egal, ob in der Grundschule oder bei den Großen.

Hilfe von externen Stellen

Schulämter benennen Fachberater zum Thema Verkehrserziehung, an diese können Sie sich immer wenden, wenn Sie mit der Organisation der Verkehrserziehung betraut werden. Die Adressen für Ihren Kreis oder Ihre Stadt finden Sie auf den Seiten Ihres Schulamts.

Konzept zur Verkehrserziehung

Gesetzliche Hintergründe

Lehrpläne

Unterrichtsinhalte (in den einzelnen Klassen)

Sonstige Angebote zur Verkehrserziehung

Einbeziehung der Eltern

8. Die Schulentwicklung voranbringen

Schule steht heute generell vor großen Veränderungen und Herausforderungen. Sie kann deshalb nicht starr verharren, sondern muss sich stetig anpassen und wandeln. In den letzten Jahren hat man deshalb die Schulentwicklung in allen Bundesländern als wesentliche Aufgabe erkannt und treibt diese voran. Für die Schulen ist die Schulentwicklung häufig ein neues Thema, welches an den Schulen noch nicht etabliert ist und welches für Unbehagen und Mehrarbeit, vor allem im Schulleitungsteam, sorgt. Schulen werden in ihren Bemühungen jedoch nicht alleingelassen, die Schulverwaltung bietet Hilfen und Unterstützung beim Erreichen der Ziele im Rahmen der Schulentwicklung an: Durch die Schulentwicklung soll sich die Qualität von Schule und Unterricht nach und nach verbessern, sodass die Schülerinnen und Schüler Lernziele erreichen und Freude am Lernen und an der Schule entwickeln können. Als Aufgaben im Rahmen der Schulentwicklung können folgende Aspekte benannt werden: die Schulprogrammarbeit, die Evaluation der Schule, die Verbesserung der Unterrichtsqualität, darüber hinaus die Verbesserung der internen Abläufe und vor allem auch das Schulklima. Jedes Bundesland organisiert die Schulentwicklung anders, alle haben jedoch ein Ziel: Kinder und Jugendliche sollen an allen Schulen die besten Chancen erhalten, sich zu entwickeln und zu lernen.

Literaturtipps und Fortbildungen zum Thema

Literaturtipps
Christoph Maitzen: Step by step zum Schulprogramm, Auer Verlag
Christoph Maitzen: Step by step zur erfolgreichen Evaluation, Auer Verlag
Christoph Maitzen: Step by step zum guten Unterricht, Auer Verlag

Fortbildungen zum Thema
AAP Lehrerfachverlage GmbH
SchiLf Akademie
Niederlassung Augsburg
Memminger Straße 6
86159 Augsburg

Telefon: +49 (0) 821. 5 99 77 99-8
Telefax: +49 (0) 821. 5 99 77 99-5
E-Mail: info(at)schilf-akademie.de

Übersicht über Kontaktadressen und Status im Bereich Schulentwicklung in den einzelnen Bundesländern

Bundesland:
Bayern
Kontaktadresse:
Staatsinstitut für Schulqualität und Bildungsforschung (ISB)
Schellingstr. 155
80797 München
Telefon: 089/2170-2008
E-Mail: kontakt@isb.bayern.de
Internet: www.isb.bayern.de/

Status:

In Bayern beschäftigt man sich seit vielen Jahren mit dem Thema Schulentwicklung.
Viele Schulen haben bereits Maßnahmen zur Schulentwicklung ergriffen, diese werden vom Kultusministerium begleitet.
Hilfen für die Schulen bieten alle Regierungsbezirke durch ausgebildete Schulentwicklungs-berater und -koordinatoren und -moderatoren.
Regelmäßig finden Schulentwicklungstage für alle Interessierten statt.

Bücher/Broschüren:

–

Bundesland:
Baden-Württemberg
Kontaktadresse:
Landesinstitut für Schulentwicklung
Heilbronner Str. 172
70191 Stuttgart
Telefon: 0711/6642-0
E-Mail: poststelle@ls.kv.bwl.de
Internet: www.ls-bw.de

Status:

Qualitätsentwicklung ist ein wichtiger Arbeitsschwerpunkt des Landesinstituts.
Die „Servicestelle Selbstevaluation" berät Sie gerne, sie entwickelt qualitativ hochwertige Instrumente zur Durchführung und Auswertung der Selbstevaluation und stellt sie den Schulen zur Verfügung.

Bücher/Broschüren:

https://www.ls-bw.de/,Lde/Startseite/QE/Handreichungen+zum+Thema

Bundesland:
Rheinland-Pfalz

Kontaktadresse:
Pädagogisches Landesinstitut Rheinland-Pfalz
Butenschönstr. 2
67346 Speyer
Telefon: 06232/659-0
E-Mail: pl(at)pl.rlp.de
Internet: https://bildung-rp.de/pl.html

Status:

Das Pädagogische Landesinstitut bietet Fortbildungen zum Thema an und unterstützt Sie bei der pädagogischen Weiterentwicklung und der qualitätsorientierten Schulentwicklung.

Bücher/Broschüren:

–

Bundesland:
Hessen

Kontaktadresse:
Hessische Lehrkräfteakademie
Stuttgarter Str. 18-24
60329 Frankfurt
Telefon: 069/389 89-00
E-Mail: poststelle.la@kultus.hessen.de
Internet: www.la.hessen.de

Status:

Alle Grundlagen zum Thema finden sich im Referenzrahmen Schulqualität (HRS).
Hier sind die Basics für die Schulentwicklung festgeschrieben: Erwartungen und Anforderungen an die Qualität von Schule, Qualitätsbereiche und Qualitätskriterien. Dadurch bietet der Referenzrahmen Schulen die Möglichkeit, die Qualität ihrer Bildungs- und Erziehungsarbeit eigenständig zu überprüfen, zu bewerten und zu verbessern. Fortbildungen von Lehrkräften, zur Beratung von Schulen und zur Evaluation wurden neugestaltet. Es finden Kooperation zwischen der Hessischen Lehrkräfteakademie und den Staatlichen Schulämtern statt, gemeinsam wird den Schulen Unterstützung angeboten.

Bücher/Broschüren:

Folgende Broschüre ist downloadbar: Hessischer Referenzrahmen Schulqualität

Bundesland:
Nordrhein-Westfalen
Kontaktadresse:
Qualitäts- und UnterstützungsAgentur – Landesinstitut für Schule
(QUA-LiS NRW)
Paradieser Weg 64
59494 Soest
E-Mail: webteam@qua-lis.nrw.de
Telefon: 02921/683-0
Internet: www. https://www.qua-lis.nrw.de/

Status:

Im „Referenzrahmen Schulqualität NRW" sind Qualitätsaussagen mit dem Ziel zusammengestellt, Schulqualität transparent zu machen und zu zeigen, was unter Schulqualität zu verstehen ist.

Bücher/Broschüren:

Folgende Broschüre ist downloadbar: Referenzrahmen Schulqualität NRW

Bundesland:
Niedersachsen
Kontaktadresse:
Niedersächsisches Kultusministerium
Presse- und Öffentlichkeitsarbeit
Schiffgraben 12
30159 Hannover
Telefon: 0511/120-7145 oder 7148
Fax: 0511/120 7451
E-Mail: pressestelle@mk.niedersachsen.de
Internet: https://www.mk.niedersachsen.de/startseite/

Status:

Die Erwartungen an die Schulen bezüglich der Schulentwicklung sind im „Orientierungsrahmen Schulqualität in Niedersachsen" genau beschrieben und unterstützen so die einzelnen Schulen in ihrer täglichen Arbeit.

Bücher/Broschüren:

Folgende Broschüren sind downloadbar:
Orientierungsrahmen Schulqualität in Niedersachsen: Schulische Qualitätsentwicklung in Niedersachsen/Poster zur Qualitätsentwicklung an allgemeinbildenden Schulen

Bundesland:

Hamburg

Kontaktadresse:

Landesinstitut für Lehrerbildung und Schulentwicklung

Felix-Dahn-Straße

20357 Hamburg

Tel.: 040/42 88 42-300

Fax: 040/42 88 42-329

Mail: li@li-hamburg.de

Internet: http://li.hamburg.de/

Status:

Das Landesinstitut für Lehrerbildung und Schulentwicklung (LI) unterstützt Lehrerinnen und Lehrer bei der Weiterentwicklung der Unterrichts- und Schulqualität.

Bücher/Broschüren:

Folgende Broschüre ist downloadbar: Orientierungsrahmen Schulqualität und Leitfaden

Bundesland:

Bremen

Kontaktadresse:

Landesinstitut für Schule

Agentur Schulentwicklung

Am Weidedamm 20

28215 Bremen

Tel: 0421/ 361-4503

E-Mail: agentur@lis.bremen.de

Internet: https://www.lis.bremen.de/schulqualitaet-738

Status:

Die Agentur berät Schulen zur Schul- und Unterrichtsentwicklung, zum Schulklima oder sonstigen Themen, die ihre Arbeit in der Schule betreffen.

Bei komplexeren Fragestellungen erteilt die Agentur kompetente Beratung und tritt als Vermittler auf.

Die Agentur hilft Schulen bei der Planung und Realisierung schulinterner Fortbildungen.

Bücher/Broschüren:

–

Bundesland:
Mecklenburg-Vorpommern
Kontaktadresse:
Institut für Qualitätsentwicklung Mecklenburg-Vorpommern
Schmiedestr. 8
19053 Schwerin
Telefon: 0385/ 588 7700
E-Mail: u.viole@iq.bm.mv-regierung.de
Internet: https://www.regierung-mv.de/Landesregierung/bm/Ministerium/
Behörden-&-Institutionen/Institut-für-Qualitätsentwicklung-M-V/

Status:

Das Institut für Qualitätsentwicklung ist für die Weiterentwicklung des Unterrichts an den Schulen zuständig.
Es unterstützt Lehrkräfte und Schulleitungen direkt an den Schulen in allen Fragen rund um das Unterrichtsgeschehen.

Bücher/Broschüren:

–

Bundesland:
Berlin-Brandenburg
Kontaktadresse:
Landesinstitut für Schule und Medien Berlin-Brandenburg (LISUM)
14974 Ludwigsfelde-Struveshof
Telefon: 03378/ 209-0
Fax: 03378/ 209-149
E-Mail: Poststelle@lisum.berlin-brandenburg.de
Internet: http://lisum.berlin-brandenburg.de

Status:

Schulentwicklung erlangt im Rahmen der Qualitätsentwicklung der Schule und der Weiterentwicklung des Lernens und des Lehrens eine enorme Bedeutung.
Das Institut unterstützt Lehrkräfte und Schulleitungen direkt an den Schulen in allen Fragen rund um das Unterrichtsgeschehen.

Bücher/Broschüren:

Auf der Basis der Schulentwicklung in den Ländern Berlin (BE) und Brandenburg (BB) wurde ein Qualitätskonzept entwickelt, das für Berlin im „Handlungsrahmen Schulqualität" und für Brandenburg im „Orientierungsrahmen Schulqualität" festgehalten ist.

Bundesland:

Sachsen

Kontaktadresse:

Sächsisches Staatsministerium für Kultus

Carolaplatz 1

01097 Dresden

Telefon: 0351/564-0

E-Mail: über Formular

Internet: https://www.smk.sachsen.de/

Status:

Schulentwicklung in Sachsen orientiert sich an Merkmalen von Schulqualität, die eine erfolgreiche Bildungs- und Erziehungsarbeit beschreiben.

Die Schulen sollen sich als lernende Organisationen durch Schulentwicklung den Gegebenheiten einer sich ständig verändernden Welt anpassen. In den Schulen wird eigenverantwortlich und konsensorientiert die schulische Arbeit kontinuierlich verbessert. Auf der Grundlage dieser Arbeit schätzt die Schule die eigene Entwicklung in regelmäßigen Abständen ein (interne Evaluation). Die schulische Qualität wird aber auch von einer externen Einrichtung bewertet (externe Evaluation).

Bücher/Broschüren:

–

Bundesland:

Sachsen-Anhalt

Kontaktadresse:

Landesinstitut für Schulqualität und Lehrerbildung Sachsen-Anhalt

Riebeckplatz 9

06110 Halle (Saale)

Telefon: 0345/2042-0

E-Mail: pr(at)lisa.mb.sachsen-anhalt.de

Internet: https://lisa.sachsen-anhalt.de/

Status:

Das Landesinstitut für Schulqualität und Lehrerbildung unterstützt Maßnahmen zur Qualitätsentwicklung schulischer Arbeit.

Bücher/Broschüren:

Auf dem Bildungsserver finden sich zahlreiche Hilfen und Angebote zu Themen der Schulentwicklung, z. B. https://www.bildung-lsa.de/schule/schulprogrammarbeit.html

 Bundesland:
Thüringen

Kontaktadresse:
Thüringer Ministeriums für Bildung, Jugend und Sport
Werner-Seelenbinder- Straße 7
99096 Erfurt
Telefon: 0361/ 37-900
E-Mail: über Formular
https://www.thueringen.de/th2/tmbjs/

Status:

Durch Schulentwicklung soll eine hohe Qualität des Unterrichts und der Lernergebnisse der Schülerinnen und Schüler aller Bildungsgänge erreicht und nachhaltig gesichert werden. Deshalb erfolgte eine systematische Anpassung sowie methodische Umstellung der Schulentwicklungsarbeit.

Ausführliche Informationen zum Thema Schulentwicklung, Eigenverantwortliche Schule (EVAS) und schulische Evaluation sowie dem Vorhaben zur schulischen Qualitätsentwicklung werden im Thüringer Schulportal und auf den Seiten des Thüringer Instituts für Lehrerfortbildung, Lehrplanentwicklung und Medien (ThILLM) bereitgestellt.

Bücher/Broschüren:

Hilfestellung zu weiteren konkreten Instrumenten der einzelnen Phasen des Entwicklungsprozesses bietet die Initiative Schulentwicklung konkret. Seit 2002 erproben Thüringer Schulen systematische Verfahren zur Qualitätsentwicklung.

9. Die Mitarbeiter führen

Eine besondere neue Aufgabe

Die Führung der Lehrerinnen und Lehrer als Konrektor, als Teil des Schulleitungsteams, ist eine herausfordernde Aufgabe, die aber auch großen Spaß macht. Lassen Sie sich auf die neue Rolle ein!

Was ist neu?

Die Aufgabe an den Schulen nehmen zu, nicht um alles kann sich der Schulleiter bzw. die Schulleiterin selbst kümmern. Ein wichtiger Aspekt ist deshalb das Thema „Führung". Nicht mehr nur der Schulleiter ist gefragt und soll alle Aufgaben alleine stemmen und dazu noch alle Kolleginnen und Kollegen mit all ihren Bedürfnissen betreuen. Sie als Konrektor oder Konrektorin sollen gemeinsam mit der Schulleitung die Kolleginnen und Kollegen führen und anleiten, sie begeistern, sie ins Boot holen, mitnehmen. Und das bei Methoden und Themen, die Ihren Lehrkräften vielleicht noch etwas fremd sind: bei Unterrichtsbesuchen, Mitarbeitergesprächen, beim Thema Evaluation und, und, und. Gelingt das nicht auf Anhieb, verzweifeln Sie nicht. Versuchen Sie konsequent, weiter für Ihre Art der Führung und für neue Vorhaben zu werben, Ihre Ziele zu verdeutlichen. Das geht nur durch reden, reden, reden. Obwohl dafür im Schulalltag oft die Zeit fehlt. Zeigen Sie stets Verständnis für Kritik, Ängste und Bewahrer und versuchen Sie die Bedenken der erfahrenen Kolleginnen und Kollegen für den späteren Erfolg zu nutzen. Machen Sie stets deutlich, dass die nötigen oder auch von oben vorgegebenen Veränderungen zwar viel Engagement und oft auch Verständnis erfordern, aber letztendlich das gesamte Schulteam von ihnen profitieren. Leichter gesagt als getan?

Versuchen Sie es im Team

Gemeinsam schaffen Sie es! Dabei muss vorher gemeinsam festgelegt werden, nach welchen Regeln Sie zum Beispiel als Konrektor oder Konrektorin die Aufgaben übernehmen und wie es um den Rückhalt bei Ihrer Schulleitung aussieht. Durch Fortbildungsbesuche zu schulfremden Themen sollten Sie sich gemeinsam auf die neuen Herausforderungen vorbereiten. Da die Ressourcen und Zeit häufig knapp sind, könnte sich jeder in einem Themenfeld ausführlicher schulen lassen und die Fortbildungsinhalte an alle weitergeben. Mögliche Seminarthemen sind in diesem Kontext: Konstruktive Gesprächsführung, Feedback-Kultur an der Schule, Mitarbeitergespräche leiten, an schwierigen Eltern- und Kollegengesprächen teilnehmen. Mit diesem neuen Wissen und neuen Werkzeugen gelingt es Ihnen einfacher, den Kolleginnen und Kollegen mit ihren eigenen Bedürfnissen, Wünschen und Meinungen zuzuhören, sie zu verstehen und gemeinsam Vorhaben und Ziele auf den Weg zu bringen, hinter denen alle gemeinsam stehen können.

Mit Führungskompetenz

Was brauchen Sie ganz persönlich, um diese Führungsaufgaben erfolgreich übernehmen zu können? Oder anders gefragt: Was zeichnet eine gute Führungskraft im System Schule aus?

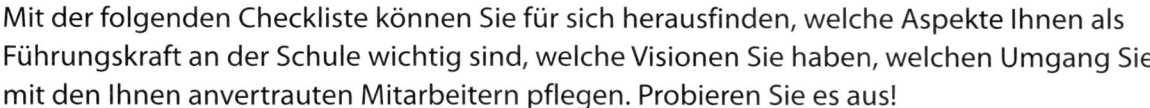

Mit der folgenden Checkliste können Sie für sich herausfinden, welche Aspekte Ihnen als Führungskraft an der Schule wichtig sind, welche Visionen Sie haben, welchen Umgang Sie mit den Ihnen anvertrauten Mitarbeitern pflegen. Probieren Sie es aus!

Literaturtipps

Christoph Maitzen: Feedback-Kultur in der Schule, Auer Verlag
Magda Krapp/Gerd Friederich: Schulleitung kompakt, Auer Verlag
Alexander Roggenkamp, Torsten Rother, Jost Schneider:
Schwierige Elterngespräche erfolgreich meistern

Grundlagen guter Führung in der Schule

 Was ist Ihre Vision für Ihre Schule?

 Wie wollen Sie diese Visionen in den nächsten Jahren mit anderen auf den Weg bringen? Wie wollen Sie die Mitarbeiter zur Mitarbeit motivieren?

 Wie reagieren Sie auf Veränderungen von oben? Wie kommunizieren Sie diese an die Mitarbeiter?

 Wie möchten Sie von einem Vorgesetzten behandelt werden? Übernehmen Sie diese Eigenschaften in Ihr eigenes Handeln.

 Wie loben Sie? Wie übernehmen Sie Verantwortung für Fehler? Wo sehen Sie sich im Team?

 Was bewegt die Kolleginnen und Kollegen im Moment? Können Sie das nachvollziehen? Wie gehen Sie mit anderen Meinungen um?

 Wie zeigen Sie Respekt und Vertrauen?

 Wie würdigen Sie das Wissen der Kolleginnen und Kollegen?

 Was gelang mit Humor schon mal besser und was hat das mit Motivation zu tun?

Das hat Google® dazu herausgefunden:

Ein guter Chef ist … ein guter Coach, der das Team fördert und kein Kontrollfreak. Er freut sich über die Erfolge der Mitarbeiter und ist interessiert an ihrem Wohlergehen. Er arbeitet stets produktiv und ergebnisorientiert, zeichnet sich durch offene Kommunikation aus und unterstützt andere bei ihren Karrieren. Er will, dass es den Mitarbeitern gut geht. Visionen und Strategien für das Team hat er immer parat und ist besonders stark im Bereich Beratung. Er ist vertrauenswürdig, ehrlich, sein Verhalten basiert auf erkennbaren Werten. (Google®, Führungsstudie „Project Oxygen", http://blog.impraise. com/360-feedback/project-oxygen-8-ways-google-resuscitated-management)

10. Stress und Burn-out vermeiden

Viele neue Aufgaben – die Gesundheit in Gefahr?

Es wurde viel über Neuerungen gesprochen. Die Schule ist im Wandel, ohne zahlreiche Neuerungen kommt keine Schule aus. Die Kolleginnen und Kollegen sind dadurch allerdings Mehrfachbelastungen und verschiedenen Erwartungen ausgesetzt: aggressives Schülerverhalten, Helikoptereltern, unkooperative Kolleginnen und Kollegen, neue Lehrpläne und Arbeitsgruppen, Stress mit der eigenen Familie und, und, und. Oft bleibt dabei die Gesundheit der Mitarbeiter auf der Strecke. Ein erster Schritt in Richtung Stressmanagement ist der offene Dialog über diese Themen in ihrem Kollegium. Erst wenn persönliche Krisen und Schwächen ohne Angst thematisiert werden dürfen, können sie gemeinsam im Kollegium bewältigt werden. Lehrerkräfte arbeiten mitunter Jahrzehnte zusammen, sie waren aber so lange Zeit Einzelkämpfer, dass ihnen das Zeigen von Schwäche selbst im vertrauten Kreis nicht leichtfällt. Beobachten Sie deshalb mit der Schulleitung die Kolleginnen und Kollegen genau, sprechen Sie miteinander, wenn Sie den Eindruck haben, dass Lehrkräfte dauerhaft an der Belastungsgrenze agieren. Über das persönliche Gespräch hinaus bieten Sie mit Ihrer Schulleitung gezielte Angebote zum Stressmanagement an, die präventiv wirken.

Gemeinsam stark im Team

Einschätzung und Verbesserung der Arbeitsbedingungen über die Arbeits-Bewertungs-Checkliste für Lehrkräfte (ABC-L)

Mit der über das Internet abrufbaren ABC-L (=Arbeits-Bewertungs-Checkliste für Lehrkräfte von Schaarschmidt und Kieschke, 2007, http://vbe.de/angebote/potsdamer-lehrerstudie/abc-l.html) können Sie erkennen, welche Arbeitsbedingungen an Ihrer Schule noch verbessert werden können, um Stress für das Kollegium, aber auch für Schüler und Eltern zu reduzieren. Basierend auf der Auswertung des Bogens können Sie im Team und mit der Schulleitung – wenn möglich, unter der Leitung eines externen Moderators – planen, welche Maßnahmen nun bei Ihnen eingesetzt werden sollen, um die Arbeitsbedingungen an Ihrer Schule zu verbessern. Es sind oft Kleinigkeiten, die schnell helfen können, Stress zu reduzieren.

Fortbildungen

Fortbildungen zum Thema „Gesundheit, Achtsamkeit oder Selbstmanagement" gehören zum Repertoire jedes Fortbildungsinstituts. Und auch staatliche Fortbildungen, zum Beispiel an Lehrerakademien, widmen sich inzwischen diesem Thema ausführlich. Nehmen Sie doch einfach einmal Kontakt auf zu dem Institut Ihres Vertrauens auf oder kontaktieren Sie Ihre entsprechende Dienststelle. Schwerpunkte der Fortbildungen können sein: Schulungen zum Selbst- und Zeitmanagement, in denen Lehrern Strategien vermittelt werden, wie sie ihre Prioritätensetzung überprüfen und trotz diverser Belastungsspitzen ausreichend Zeit für einen regelmäßigen Ausgleich finden. Entspannungstrainings, in denen verschiedene Entspannungstechniken vorgestellt werden, mit einer anschließenden Erarbeitung, wie sich diese Techniken in den Lehreralltag integrieren lassen.

Weiterbildungen im Bereich der Kommunikation und des Konfliktmanagements, in denen sie lernen, Konflikte aktiv anzugehen, und trainieren, sich souverän und mit Gelassenheit durchzusetzen. Nach den Fortbildungen werden Sie Veränderungen im Team bemerken: die Lehrkräfte werden belastbarer und zufriedener mit dem beruflichen Erfolg und dem Privatleben sein.

Kollegiale Kooperation

Leben Sie als Schulleitungsteam vor, dass Kooperation im Team wichtig und gewünscht ist. So sorgen Sie für ein gutes Arbeitsklima und auch die Menge an Arbeit lässt sich reduzieren. Über die gemeinsame Planung von Unterrichtsreihen sowie schulinterne Datenbanken, in denen Unterrichts- und Fördermaterialien für jeden zugreifbar abgelegt werden, lässt sich die Zeit der Unterrichtsvorbereitung immens reduzieren. Genauso kann auch das koordinierte Vorgehen bei Korrekturen und Berichtigungen ein Stress reduzierender Faktor sein (vgl. Schneider, Fröhlich und Rattay 2010). Gerade junge Lehrer verwenden anfangs sehr viel Zeit auf Korrekturen: Hier sind Tipps von erfahreneren Kollegen oft hilfreich. Darüber hinaus zeigt sich, dass Stress auch dadurch schnell und effektiv abgebaut werden kann, dass Lehrer mit weniger korrekturintensiven Fächern ihre Kollegen entlasten, indem sie z. B. mehr administrative Aufgaben oder Pausenaufsichten übernehmen. Selbstverständlich sollten solche Modelle immer nur auf Freiwilligkeit basieren, um keinen Ärger im Kollegium zu schaffen. Auch gemeinsame Aktivitäten wie z. B. ein Lehrerausflug oder die gemeinsame Weihnachtsfeier wirken sich in der Regel positiv auf das Klima aus und reduzieren damit Stress.

Lehrerraumprinzip

Viele Schulen haben inzwischen das Lehrerraumprinzip eingeführt, und es hat sich gezeigt, dass dadurch der Stress für die Kolleginnen und Kollegen reduziert werden kann: Die technische Ausstattung der Räume ist optimiert, sie können ihre Räume besser an die Unterrichtsbedingungen anpassen, die Räume bleiben in der Regel sauberer und es zeigt sich, vor allem in Grundschulen, dass Schüler durch den Unterrichtsraumwechsel mehr Bewegung haben und dadurch im Unterricht weniger unruhig sind. Insgesamt bestätigen viele Lehrer und auch Schüler, dass durch das Lehrerraumprinzip weniger Konflikte unter Schülern auftreten, und nicht zuletzt haben die Lehrer mehr Ruhe zwischen den einzelnen Unterrichtsstunden, da sie nicht ständig von einem Raum zum nächsten „umziehen" müssen. Allerdings sollten Sie bei der Einführung des Lehrerraumprinzips auch beachten, dass der Austausch zwischen Ihnen und Ihren Kollegen nicht mehr ganz so spontan möglich ist – man trifft sich nicht mehr so oft im Lehrerzimmer oder auf dem Flur. Deshalb sollte bei der Raumzuteilung darauf geachtet werden, dass Lehrer, die sich öfter austauschen wollen, z. B. Fachkollegen, benachbarte Räume haben.

Supervision und Kollegiale Fallberatung

Supervision und Kollegiale Fallberatung sind Hilfen zur Selbsthilfe. In regelmäßigen Treffen reflektieren Kolleginnen und Kollegen einer oder mehrerer Schulen gemeinsam und suchen nach guten Lösungen für schulbezogene Fragestellungen und Probleme. Supervision und Kollegiale Fallarbeit funktionieren nur in einem vertrauensvollen Umfeld. Der Unterschied

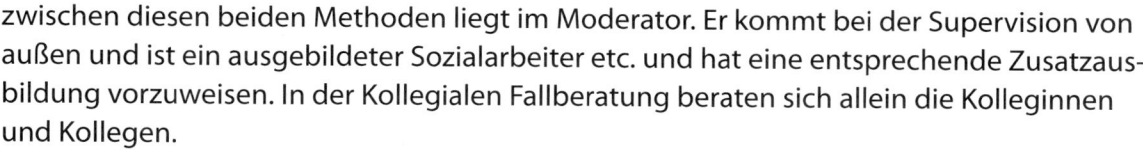

zwischen diesen beiden Methoden liegt im Moderator. Er kommt bei der Supervision von außen und ist ein ausgebildeter Sozialarbeiter etc. und hat eine entsprechende Zusatzausbildung vorzuweisen. In der Kollegialen Fallberatung beraten sich allein die Kolleginnen und Kollegen.

Gemeinsam stark in der Klasse

Geben Sie den Kolleginnen und Kollegen Hilfen an die Hand, mit denen Sie im Klassenzimmer für Ruhe und Ordnung sorgen. Der Stresslevel Ihrer Mitarbeiterinnen und Mitarbeiter kann so reduziert werden:

- Entwickeln Sie Regeln und Rituale mit den Schülerinnen und Schülern, die Ihnen das Arbeiten in der Klasse erleichtern.
- Delegieren Sie im Unterricht die Verantwortung auch mal an Ihre Schüler, um so für sich den Stress zu reduzieren. Schüler sind in der Regel stolz darauf, Verantwortung übernehmen zu dürfen und zu können. Solche Aufgaben können sein: Ordnungs- und Tafeldienst, Mediendienst, Mentoren für schwächere Schüler etc.
- Planen Sie Unterrichtseinheiten zur Stressreduktion.
- Auch Projektreihen zur Gesundheitsförderung in der Schule sind Maßnahmen des Stressmanagements. Das kann vom Unterricht zur gesunden Ernährung über Unterrichtsreihen zum richtigen Umgang mit Stress bis hin zu stressfreier Kommunikation und anderen sozialen Kompetenzen gehen. So wird das Bewusstsein für einen achtsameren Umgang miteinander geschärft, und dem Stressabbau wird direkt Zeit im Stundenplan eingeräumt.
- Wenden Sie das Kooperative Lernen an. Sie geben hier verstärkt die Verantwortung an Ihre Schüler ab. Dadurch wächst das soziale Verantwortungsgefühl, der Lehrer wird immer mehr zum Berater und Feedbackgeber, der das eigenständige Lernen fördert. Geteilte Verantwortung führt zu weniger Stress für alle.
- Übungen zur Achtsamkeit lassen sich gut in den Unterricht integrieren. Fantasiereisen, Energizer oder Übungen aus dem Yoga sorgen im Unterricht für Ruhe und Entspannung.

(angelehnt an: Ira Kokavecz/Thomas Rüttgers/Jost Schneider: Stress und Burn-out vermeiden, Auer Verlag, 2011).

11. Die Konferenz richtig vorbereiten und leiten

Arten und Aufgaben der Konferenz

Bundesweit gibt es an allen Schulformen folgende Konferenzen, die mitunter von Ihrem Gesetzgeber des Landes eigens benannt werden:

Gesamtkonferenz

Das gesamte Kollegium nimmt an diesen Konferenzen teil und beschäftigt sich mit allen Themen, die die Schule betreffen. Unterrichtsrelevante Themen (Differenzierung, Neue Methoden), Planung von Veranstaltungen und Fördermaßnahmen, größere Veränderungen in der Schule (Schulprogramm, Schulordnung, Konfliktmanagement, Personalplanung, Gestaltung der Schule und des Schulgeländes etc.), Zusammenarbeit mit außerschulischen Partnern, Planung von Fortbildungen, Anschaffungen, Stellenbesetzung, Zusammenarbeit mit Dienststellen und Eltern, Ferienplanung.

Teilkonferenz

Die Teilkonferenz ist das gesetzlich vorgeschriebene Gremium für bestimmte Themen. An der Teilkonferenz nehmen ausgewählte Mitglieder teil: ein Mitglied der Schulleitung, der betroffene Klassenleiter oder Jahrgangsstufenleiter, gewählte Mitglieder, ggf. auch Vertreter der Schülerschaft. Ist nicht klar, welches Gremium sich mit einem bestimmten Thema beschäftigen muss, dann entscheidet in der Regel die Gesamtkonferenz über die Zuständigkeit.

Fachkonferenz

Die Gesamtkonferenz bestimmt Fachkonferenzen, diese beschäftigen sich im Rahmen der Beschlüsse dieser Konferenz mit Themen, die ausschließlich ein bestimmtes Fach oder einen Fachbereich betreffen. Das beinhaltet insbesondere Angelegenheiten wie Unterricht, Fachdidaktik und -methodik, die Einführung von Büchern, Lernkontrollen etc.

Klassenkonferenz

An dieser Konferenz nehmen alle Lehrkräfte teil, die im Moment in dieser Klasse unterrichten, auch pädagogische Mitarbeiter, Referendare sowie, ohne Stimmrecht, Eltern- und Schülervertreter. Keine der genannten Konferenzen ist zuständig, wenn Gesetze, Verordnungen und Verwaltungsvorschriften den Sachverhalt bereits regeln.

Ablauf der Konferenz

Beschlüsse

Beschlüsse müssen in offener Abstimmung getroffen werden. Stimmenthaltungen sind nicht zulässig. Bei einem Patt gibt die Stimme der Schulleitung den Ausschlag.

Durchführung

Lehrerkonferenzen sind nicht öffentlich und finden in der Regel am Mittwochnachmittag, nach dem Unterricht, statt. Die Teilnahme an der Konferenz ist für alle Lehrkräfte dienstlich verpflichtend.

Einladung

Die Vorlage für eine Einladung finden Sie anbei.

Fristen

In den gesetzlichen Vorgaben sind auch entsprechende Fristen genau benannt: Die Schulleitung lädt mindestens eine Woche vor dem Termin schriftlich ein und stellt den Kolleginnen und Kollegen die Tagesordnung zur Verfügung, damit sich die Kolleginnen und Kollegen vorbereiten können. In dringenden Angelegenheiten kann sich die Schulleitung über diese Frist hinwegsetzen. Gesetzlich vorgeschrieben sind zwei Lehrerkonferenzen pro Schuljahr, in der Regel finden viel häufiger Sitzungen statt, auch Ihre vorgesetzten Behörden können Konferenzen einfordern, die dann innerhalb einer vorgegebenen Frist stattfinden müssen. Jeder Teilnehmer kann eigene Punkte auf die Tagesordnung setzen lassen.

Geschäftsordnung

Die einzelnen Bundesländer geben Empfehlungen für die Geschäftsordnung der Schulmitwirkungsgremien vor. Zu finden sind diese jeweils auf den Seiten der Bildungsministerien.

Leitung der Konferenz

Die Tagesordnung legt die Schulleitung fest, sie leitet in der Regel auch die Sitzung, sie kann das Amt (in Abwesenheit) an Sie, den Konrektor/die Konrektorin, übertragen.

Protokoll

Die Sitzungsleitung benennt den Protokollanten, das kann immer eine Person sein oder alphabetisch wechseln. Achtung: Entscheidende Dinge müssen im Protokoll begründet werden. Die Schulleitung und der Protokollant unterschreiben das Protokoll. Die Protokolle werden an einsehbarer Stelle zur Verfügung gestellt. Die Mehrheit der Konferenz kann eine Änderung der Niederschrift beschließen. Es empfiehlt sich daher in der nächsten Sitzung über das Protokoll abzustimmen. Einsprüche oder Einwendungen einzelner Mitglieder werden als Anlage beigefügt. Niederschriften sind grundsätzlich mindestens acht Jahre aufzubewahren. Eine Vorlage für ein Protokoll finden Sie anbei.

Rechtliche Vorgaben

Die rechtlichen Grundlagen für die Durchführung jeder Konferenz finden Sie in den Schulgesetzen, den Schulordnungen und Dienstordnungen Ihres jeweiligen Bundeslandes. Zusätzliche wurden oft ergänzende Bestimmungen erlassen, die ebenfalls beachtet werden müssen (https://www.kmk.org/dokumentation-statistik/rechtsvorschriften-lehrplaene/uebersicht-schulgesetze.html).

QR-Code:

Tagesordnungspunkte

Die Tagesordnungspunkte werden mit der Einladung versendet und sollten bereits mit Zeiten versehen sein.

Vorbereitung der Konferenz

Lehrerkonferenzen müssen geplant und vorbereitet werden. Die Planungen beginnen bei der rechtzeitigen Einladung, die bereits beschrieben wurde. Viele Lehrkräfte haben selbst Kinder und müssen die Betreuung gewährleisten, während sie an der Konferenz teilnehmen.

Rahmenbedingungen

Schaffen Sie angenehme Rahmenbedingungen für die Konferenz. Der Sitzungsraum sollte ausreichend ausgestattet sein, d.h. mit ausreichend Stühlen und Tischen bestückt, sodass jeder gut mitarbeiten kann. Sollen technische Geräte (Beamer etc.) verwendet werden, so müssen diese funktionieren und bereitstehen. Auch Flipchart, Stifte etc. sollten rechtzeitig in den Sitzungssaal gebracht werden. Stellen Sie ausreichend Getränke bereit, ggf. bringen Sie auch Kekse oder Kuchen mit. Das sorgt für eine gute Stimmung.

Durchführung

Und dann kann es losgehen! Beginnen Sie pünktlich …
1. Begrüßen Sie alle Kolleginnen und Kollegen.
2. Besprechen Sie das letzte Protokoll und nehmen ggf. Änderungen vor.
3. Geben Sie nun einen zeitlichen Rahmen für die aktuelle Konferenz vor und weisen Sie auch auf mögliche Pausen (spätestens nach 90 Minuten) hin.
4. Benennen Sie nun die Tagesordnungspunkte bzw. die Ziele der Konferenz.

Regeln

… und halten Sie sich gemeinsam an Regeln!
- Steht der Protokollant bereit?
- Smartphones und Tablets werden ausgeschaltet.
- E-Mail schreiben in der Sitzung ist verboten.
- Zeitüberschreitungen sollten vermieden werden.
- Sollten Themen stundenlang ausführlich, aber ohne Ergebnis, diskutiert werden: Vertagen Sie den Punkt oder lassen sie das Thema in einer Kleingruppe bis zur nächsten Konferenz vorbereiten.
- Die Schulleitung oder Sie führen das Wort und treffen Entscheidungen.
- Suchen Sie gleich einen neuen Termin für die nächste Konferenz oder benennen Sie diesen, wenn der Termin schon feststeht.
- Fassen Sie das Protokoll zusammen und ergänzen Sie Anmerkungen der Kolleginnen und Kollegen.
- Bedanken Sie sich stets für die Zeit, die Mitarbeit, das konstruktive Treffen.

Einladung zur Konferenz

An alle Kolleginnen und Kollegen   **Datum**

Liebe Kolleginnen und Kollegen,

zur X. Lehrerkonferenz im Schuljahr XX lade ich Sie herzlich ein.

Datum

Uhrzeit:

Ort:

Der Protokollant ist:

Tagesordnung mit Zeitangaben und ggf. Referenten

Mit freundlichen Grüßen

Schulleitung

Protokoll zur Konferenz

Protokollnummer	**Datum** **Beginn und Ende**
Sitzungsleitung	**Protokollant**
Anwesend	**Abwesend**
Tops	**To-dos**
Top 1 **Thema**	**Was wurde besprochen/geklärt/** **Offene Fragen / Weiterarbeit, Wer, Bis** **wann / Ziele / Verantwortliche**
Top 2 **Thema**	
Top 3 **Thema**	
Top 4 **Thema**	
Top 5 **Thema**	
Top 6 **Thema**	
Top 7 **Thema**	
Top 8 **Thema**	
Top 9 **Thema**	
Top 10 **Thema**	

Unterschrift Protokollant
Unterschrift Schulleitung

12. Referendare und Praktikanten erfolgreich betreuen

Praktikanten und Referendare an Ihrer Schule

Die Betreuung von Praktikanten und Referendaren ist eine wichtige Aufgabe an der Schule, die häufig von Konrektoren übernommen wird. Während Studierende eher mitlaufen und einen Einblick in die Schule bekommen sollen, sind Referendare über längere Zeit Teil der Schulgemeinschaft und müssen richtig betreut werden. Die Ausbildungskoordination und die Zusammenarbeit mit dem Studienseminar sind dabei sehr wichtig. Läuft alles gut, dann profitieren Schule und Referendar davon. Sie brauchen für die Zeit, in der der Student oder Referendar an Ihrer Schule ist, einen genauen Fahrplan mit Coaching-Angeboten. Legen Sie diesen Fahrplan offen, sodass der Praktikant bzw. Referendar genau weiß, was Sie wann und warum tun: Wie genau Sie ihm helfen möchten, das Praktikum erfolgreich abzuschließen, das Referendariat zu überleben und ein guter Lehrer zu werden. Das erfordert Zeit, die Ihnen im Alltag sicher oft fehlt. Aber wenn Sie sich die Zeit nehmen, tragen Sie dazu bei, dass der Praktikant und insbesondere der Referendar sich an Ihrer Schule akzeptiert fühlt und entwickeln kann. Neben Ihrer Betreuung bestimmen Sie natürlich auch Mentoren oder Betreuungslehrer, die den Referendar in den Fächern betreuen. Mit ihnen und dem Referendar arbeiten Sie eng zusammen, Verschwiegenheit ist dabei besonders wichtig. Alles, was Ihnen der Referendar anvertraut, bleibt unter vier Augen.

Ein erster Kennenlerntermin

Laden Sie die Referendare vor dem Beginn des Referendariats oder gleich zu Beginn zu einem kleinen Fest ein, die Neuen erhalten so die Möglichkeit, die Schule kennenzulernen. Zeigen Sie die Schule und stellen Sie sich gegenseitig ausführlicher vor. So können gleich zu Beginn Vorurteile und Ängste abgebaut werden. Sie als betreuender Teil des Schulleitungsteams zeigen durch diese Aktion außerdem von Anfang an, Referendare sind mir wichtig, sie sind Teil unserer Schulgemeinschaft. Führen Sie nach diesem Termin ein erstes Gespräch mit dem Referendar. Sprechen Sie offen über den Werdegang und die persönlichen Interessen des Referendars, seine Vorstellungen von Schule, seine Erwartungen, Ziele und Ängste.

Regelmäßige Gespräche

In regelmäßigen Abständen planen Sie gemeinsame Gespräche, in denen es immer zuerst um den Entwicklungsstand des Referendars, seine positiven und negativen Erfahrungen geht. Haben Sie auch ein offenes Ohr, wenn es um die Zusammenarbeit mit den Mentoren geht. Über diese Punkte sprechen Sie. Dann nehmen Sie sich jeweils ein eigenes Thema vor, welches in der jeweiligen Phase der Ausbildung gerade besonders wichtig ist.

Der erfolgreiche Start ins Referendariat

Die neuen Referendare kommen direkt von der Universität, in der es in der Regel locker zuging. In der Schule legen Sie Wert auf Pünktlichkeit, angemessene Kleidung sowie die Befolgung von Regeln. Diese Regeln sind dem neuen Kollegen, der neuen Kollegin allerdings nicht bekannt. Gehen Sie mit dem Referendar alle schulinternen Regeln durch, auch solche, die nirgends schriftlich festgehalten sind, z. B. die Sitzordnung in der Konferenz oder im Lehrerzimmer. Stellen Sie dem Referendar alle Mitarbeiter der Schule vor (neben dem

Kollegium sind dies die weiteren Mitarbeiter, Putzfrau, Sekretärin und Hausmeister, und ggf. auch die Elternvertretung). Geben Sie dem Referendar auch Tipps für das Verhalten im Seminar (pünktlich, freundlich zurückhaltend, Netzwerke bilden).

Schulrecht allgemein

In Ihrer Arbeit in der Schule sind Sie als Lehrkräfte stark an Gesetze gebunden. Gehen Sie das Schulrecht Ihres Bundeslandes und die Vorgaben des Dienstvorgesetzten mit dem Referendar durch, gerne können Sie die wichtigsten Punkte des Gesetzes vorher ausarbeiten und ansprechend aufbereiten (als Checkliste, auf Karteikärtchen etc.). Klären Sie auch, wie einzelne Punkte an Ihrer Schule umgesetzt werden. Die wichtigsten Punkte sind hier die Verschwiegenheitspflicht, Aufsichtspflicht, das Urheberrecht, die Anmeldung von Nebentätigkeiten, die Annahme von Geschenken, die Ausführung dienstlicher Anordnungen sowie der Beamtenstatus. Das Schulrecht wird am Ende des Referendariats Teil der Zweiten Staatsprüfung sein.

Aufsichtspflicht

Die neuen Referendare sollen auch die wichtigste Pflicht für Lehrkräfte kennenlernen: die Aufsichtspflicht. Die Eltern übergeben Ihnen diese im Rahmen der Schulpflicht. Aufgrund dieser sind die neuen Referendare darin einzuweisen, die Kinder vor Schaden und dritte Personen vor Schaden durch die Kinder (z. B. Radfahrer vor spielenden Kindern) zu bewahren. Diese Regeln gelten insbesondere auch bei Ausflügen und Klassenfahrten.

Zusammenarbeit mit Mentoren

Sie weisen dem neuen Referendar Mentoren oder Betreuungslehrer zu, die für die Betreuung im Unterricht zuständig sind. Die Aufgaben, Pflichten, die möglichen Probleme und Lösungen sollten Sie rechtzeitig mit dem Mentor/der Mentorin und dem Referendar besprechen. Idealerweise sollten diese beiden natürlich als Tandem harmonieren, sie sollten den Unterricht zusammen planen, in einer Klasse unterrichten und den Unterricht nachbesprechen, sie sollen gemeinsam Unterrichtsbesuche und letztlich auch die Prüfungen planen. Die Zusammenarbeit gelingt leider nicht immer. Behalten Sie in möglichen Konfliktsituationen eine objektive Position und vermitteln Sie.

Hospitation

Im Laufe des Referendariats, vor allem aber in der Anfangszeit, besuchen die Referendare den Unterricht der Mentoren und anderer Kollegen. Damit die Referendare von diesen Besuchen profitieren, benötigen Sie einen Handlungs- und Beobachtungsleitfaden mit Fragen, mit Hilfe dessen Sie den gesehenen Unterricht einschätzen und von diesem Besuch profitieren können:

Materialien: Die Lehrkraft stellt benötigte Materialien übersichtlich bereit? Die Lehrkraft bittet die Schüler, die Materialien bereitzulegen?

Lernfortschritte und Differenzierung: Welche Art der Hilfestellung gibt die Lehrkraft (unterschiedliche Hilfen in Art und Umfang)? Nimmt die Lehrkraft Lernschwierigkeiten und -fortschritte ihrer Schüler wahr? Differenziert die Lehrkraft (in Art und Umfang)? Die Lehrkraft weist auf Lernstrategien hin bzw. bespricht neue Lernstrategien?

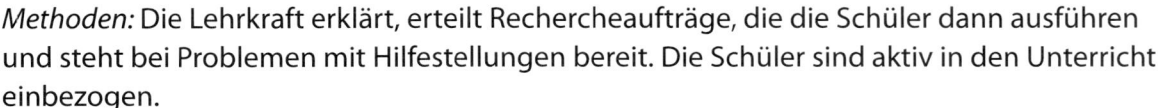

Methoden: Die Lehrkraft erklärt, erteilt Rechercheaufträge, die die Schüler dann ausführen und steht bei Problemen mit Hilfestellungen bereit. Die Schüler sind aktiv in den Unterricht einbezogen.

Der Unterricht ist an der Lebenswelt der Schüler, ihren Erfahrungen orientiert? Die Methoden werden neu erklärt oder bei Problemen wiederholt. Die Schüler werden im Unterricht herausgefordert, Standpunkte zu begründen und sich einzuschätzen?

Rückmeldung: Die Lehrkraft unterstützt die einzelnen Schüler und gibt ihnen positive Rückmeldung. Die Schüler unterstützen sich gegenseitig? Es existiert ein Hilfesystem in der Klasse? Teamarbeit ist wichtiger Bestandteil des Unterrichts? Die Präsentation des Gelernten gehört zum Unterricht?

Teamarbeit mit Kollegen

Teamarbeit wird immer wichtiger. Binden Sie die neuen Kolleginnen in diese Teamarbeit mit ein und vermitteln Sie die Rahmenbedingungen und Methoden, nach denen Sie im Team arbeiten. Weisen Sie den Referendaren eine Aufgabe zu und unterstützen Sie bei der Einarbeitung in diese Aufgabe.

Belastung und Druck im Referendariat

Das Referendariat ist eine stressige Zeit, die jungen Kolleginnen und Kollegen benötigen Hilfen im Umgang mit Stress und Möglichkeiten, den Stress in den Griff zu bekommen. Beraten Sie die Kolleginnen gerne auch zu den Rahmenbedingungen: Wohnort, Unterrichtsvorbereitung etc. und natürlich auch zum Unterricht: Unterricht gut planen, zu Hause am Schreibtisch alles bestmöglich vorbereiten gibt Sicherheit, die Schüler arbeiten in der Schule selbstständig und die Referendare haben Zeit, zu unterstützen, sie haben alles im Griff. Stress im Unterricht wird so vermieden. Vermitteln Sie, wie man die Unterrichtsvorbereitung für verschiedene Klassen und die Vorbereitung der Unterrichtsbesuche effektiv steuert und geben Sie den Referendaren ein gutes Gefühl, sodass diese es schaffen, weiterhin mit viel Humor die Berge an Aufgaben zu bewältigen.

Anfängerfehler

Referendare kennen aus der Universität alle pädagogischen Hintergründe, das Agieren im Klassenzimmer ist Neuland für sie. Sie müssen schnell reagieren, kennen die hilfreichen Tricks der alten „Hasen" noch nicht. Vermitteln Sie diese und lassen Sie die Referendare diese nach und nach im Unterricht erproben.

Stoffverteilungspläne erstellen

Mithilfe von Stoffverteilungsplänen organisieren die Referendare ihren Unterricht über ein Halbjahr oder Schuljahr. Dieses Raster – einmal erstellt – hilft dabei, den roten Faden nicht zu verlieren. Eine wichtige Rolle spielen dabei die Gesetze, Lehrpläne und Absprachen an Ihrer Schule. Zeigen Sie den Referendaren – Schritt für Schritt – wie Stoffverteilungspläne erstellt werden, das ist eine gute Basis für die Zukunft.

Vorführstunden/Lehrproben

Gemeinsam mit den Mentoren vermitteln Sie den Referendaren, worauf es in den Vorführstunden bzw. Lehrproben ankommt. Hier sollten Sie sich an die Vorgaben des Studienseminars halten und den Referendar in jeder Phase der Ausbildung unterstützen.

Lehrkräfte als öffentliche Personen

Lehrkräfte sind am Schulort Personen, die jeder kennt. In diese Rolle müssen sich Referendare erst hineinfinden. Wie verhalten Sie sich richtig? Was ist erlaubt oder verboten? Geben Sie dem Referendar hilfreiche Tipps und unterstützen Sie ihn in seiner Rollenfindung.

Unterrichtsplanung und -nachbereitung im Referendariat (sich präsentieren und dennoch effektiv vorbereiten, Didaktik und Methodik) /Schriftliche Verlaufsplanungen für jeden Anlass

Hier besprechen Sie, ggf. gemeinsam mit den Mentoren, die gewünschten Vorgaben des Studienseminars und geben Hilfen aus Ihrer beruflichen Praxis. Diesen Aspekt können Sie kontinuierlich besprechen.

Vorbereitung auf das Planungs- und Entwicklungsgespräch nach einem Jahr

Nach einem Jahr Referendariat blickt der Referendar zurück und trifft sich zu einem Gespräch im Studienseminar, mit einem Vertreter der Schule und einem Vertreter des Seminars. Dieses Treffen sollte gemeinsam vorbereitet werden. Ziel des Treffens ist ein Rückblick auf die Entwicklung, die der Referendar im zurückliegenden Jahr genommen hat. Beide Lernbereiche werden dabei betrachtet: das Seminar und die Schule. Der aktuelle Entwicklungsstand wird benannt und es werden Aufgaben für das kommende Jahr formuliert. Das Gespräch zwischen Referendar, Seminar und Schulvertreter findet stets ohne Wertung statt und dient lediglich der angeleiteten Reflexion des Referendars, unterstützt von den Gesprächspartnern. Das Gespräch findet in der Regel in einem wertschätzenden Ton statt, man spricht ehrlich und respektvoll. Klären Sie die Eckdaten des Gesprächs mit dem Studienseminar und auch die gewünschte Vorbereitung.

Wo sollte sich der Referendar für die Schule einbringen

Sie bewerten nach zwei Jahren Referendariat Ihren Referendar und tragen mit dieser Bewertung zur Vornote bei, die in das Ergebnis des Zweiten Staatsexamens einfließt. Ein wichtiger Teil dieser Bewertung ist das Engagement, welches der Referendar neben dem eigentlichen Unterricht zeigt. Leitet er eine AG? Übernimmt er freiwillige Aufgaben im Kollegium? Vertritt er die Schule nach außen? Zeigt er Teamgeist, Kollegialität und Engagement bei Wandertagen und schulischen Veranstaltungen. Besprechen Sie dies mit dem Referendar! Entwickeln Sie gemeinsame Ideen der Mitarbeit!

Fortbildung, Zusatzqualifikationen und Fachmessen

Bieten Sie dem Referendar Hilfen an, wie er seine Kompetenzen verbessern und mit diesen Ihre Schule bereichern kann. Das können die Teilnahme an einer Fortbildung zur Ersten-Hilfe an der Schule, ein Zertifikat in Deutsch als Zweitsprache oder die Fortbildung im

Bereich der digitalen Medien sein. Auch der Besuch von Fachmessen ist für Referendare sehr interessant.

Elternarbeit (Elternabend, Gespräche, Elternsprechtag)

Gibt es verabschiedete Vorgaben zur Elternarbeit an Ihrer Schule? Dann bieten Sie dem Referendar eine ausführliche Unterweisung in dieses Konzept. Erfolgreiche Elternarbeit ist das A und O für ein Referendariat ohne Hürden, denn Eltern sind bei den jungen Kolleginnen und Kollegen besonders kritisch, wenn etwas nicht gut läuft. Durch nützliche Hilfestellungen können Sie zum Wohl des Referendars beitragen.

Schülergespräche, Benotung und Zeugnisse

Die Benotung der Schüler ist eine sehr schwierige Aufgabe für Anfänger. Geben Sie dem Referendar erprobte Hilfen an die Hand, die ihn beim Korrigieren und Bewerten der Schüler unterstützen.

Die Lehrerpersönlichkeit entwickeln

Der Referendar entwickelt im Laufe des Referendariats seine Lehrerpersönlichkeit, unterstützen Sie ihn dabei, greifen Sie die Themen Struktur bei der Vorbereitung, im Unterricht, bei den Regeln, Kritikfähigkeit, Benotung, Körpersprache und Stimmtraining im Lehrerjob sowie Umgang mit Unterrichtsstörungen auf.

Vorbereitung auf die Prüfungsphase und Begleitung in dieser Zeit

Und nun beginnt sie – die stressigste Zeit für den Referendar: die Prüfungsvorbereitung zum zweiten Staatsexamen. Neben dem normalen Unterricht und den letzten Unterrichtsbesuchen muss er seine Examensarbeit verfassen, die Prüfungsstunden und sonstigen Prüfungen vorbereiten – alles parallel. Unterstützen Sie gemeinsam den jungen Kollegen dabei, mit Tipps zum Zeitmanagement, mit Materialien für den normalen Unterricht, mit einem offenen Ohr. Der Referendar wird es Ihnen danken!

Ende des Referendariats – und dann?

Bereiten Sie auch den Abschied des Referendars bzw. seine Übernahme an Ihre Schule vor. Helfen Sie ihm, die Weichen für die Zukunft zu stellen. Der junge Kollege war einige Zeit Teil des Kollegiums, Sie sollten sein Engagement entsprechend würdigen.

13. Elterngespräche führen

Elterngespräche eine immer größere Herausforderung?

Viele Lehrkräfte berichten, dass die Zusammenarbeit zwischen Eltern und Schule immer schwieriger wird. Manche Eltern verhalten sich den Lehrkräften gegenüber nicht kooperativ, sie glauben zunächst eher dem Kind als der Fachmeinung der Lehrkräfte und Pädagogen. Sie zweifeln den Sachverstand der Lehrkräfte an und zeigen konfrontatives Verhalten. Die Kolleginnen und Kollegen fühlen sich in die Defensive getrieben und reagieren dann gereizt und wollen sich selbst verteidigen. Kommt es zu Konfliktsituationen wird häufig das Schulleitungsteam hinzugezogen, Elterngespräche finden dann gemeinsam statt.

Diese Möglichkeit wird in den einzelnen Ländergesetzen explizit benannt. Werden Sie für ein Gespräch von Eltern oder einer Lehrkraft angefragt, dann gilt es zu vermitteln, ein konstruktives Gespräch zu führen und gemeinsam ein einvernehmliches Ergebnis zu erreichen. Haben Sie dabei stets ein offenes Ohr für die Probleme beider Parteien und nehmen Sie sich Zeit und die Angelegenheit ernst. Gehen Sie in Elterngesprächen nach folgenden Schritten vor:

1. Wählen Sie für das Gespräch einen ruhigen Raum aus, der frei von Störungen ist.
2. Richten Sie den Raum ansprechend her, sorgen Sie für gute Lüftung und bequeme Ausstattung. Stellen Sie auch Getränke bereit.
3. Planen Sie Ihr pünktliches Erscheinen ein, damit die Eltern nicht warten müssen.
4. Führen Sie Protokoll.
5. Klären Sie, wer das Gespräch führt, die Lehrkraft oder Sie. Fällt die Gesprächsführung Ihnen zu, dann begrüßen Sie alle Gesprächsbeteiligten höflich und benennen Sie den Anlass des Gesprächs, bleiben Sie im Gespräch stets ruhig und sachlich.
6. Lassen Sie die Lehrkraft das Problem erläutern.
7. Hören Sie dann die Sicht der Eltern zum genannten Problem.
8. Lassen Sie die Eltern ausführen, welche Dinge sie sich vorstellen könnten, um das Problem zu lösen.
9. Lassen Sie die Lehrkraft ausführen, welche Dinge sie sich vorstellen kann, um das Problem zu lösen.
10. Bringen Sie ggf. Lösungsvorschläge ein.
11. Diskutieren Sie die genannten Aspekte und entscheiden gemeinsam, welche Schritte nun unternommen werden sollen. Halten Sie alle Punkte im Protokoll fest (ggf. mit Zeitangaben für ein nächstes Treffen).
12. Verabschieden Sie sich höflich.

Tipps für erfolgreiche Gespräche

Sie vertreten in diesen Situationen die Schulleitung, deshalb sind professionelles Verhalten und sachliche Argumente sehr wichtig. Wie Sie professionell auf verschiedene Elternäußerungen reagieren können, sehen Sie hier:

Die Eltern glauben Ihnen oder der Lehrkraft nicht …

Eltern	Schule
Das glaube ich nicht, mein Sohn sagt … Das kann ich mir nicht vorstellen. Sie lügen. Das kann nicht sein.	Können Sie bitte erläutern, wie Sie das Problem sehen? Wie nehmen Sie Ihr Kind zu Hause wahr? Welche Beobachtungen haben Sie gemacht, die von unseren abweichen?

Die Eltern spielen das Problem herunter …

Eltern	Schule
Das finden wir als Eltern nicht problematisch … So sind Kinder nun mal …	Welche Konsequenzen hat es für den Schüler/die Schülerin, wenn das Verhalten des Kindes weiterhin besteht? Welche Konsequenzen erwarten Sie von der Lehrkraft? Von der Schule?

Die Eltern wollen das Problem am liebsten verdrängen …

Eltern	Schule
Unser Kind ist halt so. Wir können es nicht ändern. Da kann man doch nichts machen.	Kennen Sie ähnliche Probleme? Wie wurden diese bewältigt? Können wir vielleicht gemeinsam Teile des Problems in den Griff bekommen?

Die Eltern verweigern die Mitarbeit …

Eltern	Schule
Ich bin hier hilflos. Sagen Sie mir mal, was ich machen soll. Ich kann mein Kind nicht ändern. Ich schaffe das nicht alleine.	Wie könnten wir das Problem gemeinsam lösen? Wie könnten Sie sich daran beteiligen? Können wir uns Unterstützung holen? Bei wem? Bis wann?

14. Pressearbeit in der Schule gestalten

Wer ist dafür zuständig?

Mehrfach haben wir bereits davon gehört: Als Mitglied der Schulleitung vertreten Sie die Schule nach außen. Wenn Ihnen das gut gelingt, wird Ihre Schule wachsen und auch die vorgesetzten Stellen werden begeistert sein und Sie in Ihrem Engagement unterstützen. Damit die Präsentation nach außen erfolgreich gelingt, muss sich jemand darum kümmern. Ihnen als Konrektorin oder als Konrektor kommt hier oft eine koordinierende Funktion zu. Sie können eine Kollegin bzw. einen Kollegen zum „Pressechef" berufen oder aber die Aufgaben selbst übernehmen. Sie finden in diesem Kapitel alles, was Sie zum Thema PR für Ihre Schule wissen müssen.

Was ist zu tun?

Sie sollten die Schule intern präsentieren

- Stellen Sie die Schule intern vor – am Schwarzen Brett, mit Schaukasten und Ausstellungen in den Räumlichkeiten der Schule und auf dem Schulgelände.

Sie sollten die Schule extern präsentieren

- Stellen Sie die Schule extern dar – etwa durch eine ansprechende Gestaltung des Schulgebäudes.
- Präsentieren Sie in einem Aushang wichtige Schuldaten.
- Informieren Sie lokale Medien über interessante Projekte, Entwicklungen und Veranstaltungen an der Schule – durch Pressemitteilungen, aber auch telefonisch.
- Halten Sie Kontakt zu lokalen Journalisten und dienen Sie bei Anfragen als Ansprechpartner.
- Reagieren Sie in Krisensituationen professionell. Bei Fehlern in der Berichterstattung über Ihre Schule müssen Sie Lösungen finden.
- Pflegen Sie die Internetseite der Schule.
- Sammeln Sie einen Pressespiegel in Gestalt eines Ordners, in dem Medienberichte über die Schule abgeheftet werden – Radio- und Fernsehberichte sollten auch digital gespeichert werden.
- Suchen Sie gegebenenfalls Sponsoren für aufwendigere Projekte.

Umgang mit den Medien

Überlegen Sie im Schulleitungsteam, wie und womit sich Ihre Schule nach außen präsentieren möchte. Was sind Ihre Schwerpunkte, die Sie in die Öffentlichkeit tragen möchten? Haben Sie ein besonderes Schulkonzept? Nehmen Sie an einem Wettbewerb teil? Engagieren Sie sich vielleicht mit anderen Vereinen des Ortes gemeinsam? Verfassen Sie zu diesem Thema eine Pressemitteilung. Gehen Sie per E-Mail und telefonisch auf die gewünschten Medien, z.B. Ihre Lokalzeitung, zu. Bleiben Sie dabei stets seriös und bei der Wahrheit (Sie vertreten die Schule), wenn Sie über Ihre Schule berichten. Wenden Sie sich möglichst gleich an die richtige Zeitung und die richtige Abteilung, nicht jedes Blatt berichtet über Schulthemen, nicht jede Abteilung ist für Ihr Thema zuständig. Möchten Sie ein bestimmtes

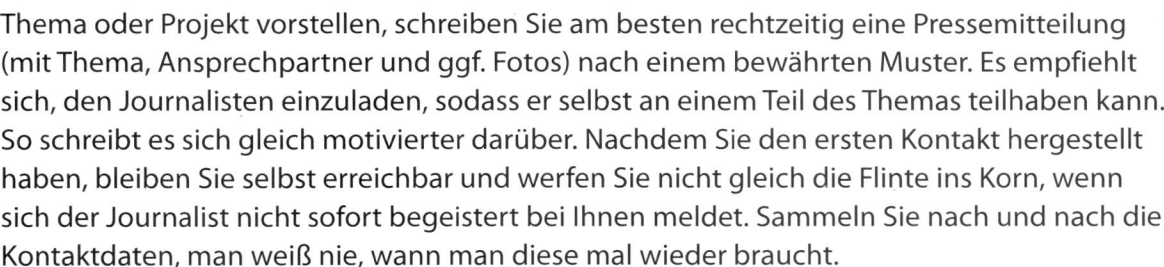

Thema oder Projekt vorstellen, schreiben Sie am besten rechtzeitig eine Pressemitteilung (mit Thema, Ansprechpartner und ggf. Fotos) nach einem bewährten Muster. Es empfiehlt sich, den Journalisten einzuladen, sodass er selbst an einem Teil des Themas teilhaben kann. So schreibt es sich gleich motivierter darüber. Nachdem Sie den ersten Kontakt hergestellt haben, bleiben Sie selbst erreichbar und werfen Sie nicht gleich die Flinte ins Korn, wenn sich der Journalist nicht sofort begeistert bei Ihnen meldet. Sammeln Sie nach und nach die Kontaktdaten, man weiß nie, wann man diese mal wieder braucht.

Was ist zu beachten?

- **Was hält der Schulträger von Pressearbeit?**
  Der Schulleiter vertritt Ihre Schule nach außen, das gilt auch für den Kontakt mit den Medien. Allerdings wissen die Schulträger gerne, was über die Schulen in der Presse steht. Deshalb empfiehlt es sich, dass Sie einmal zur Pressestelle des Schulträgers Kontakt aufnehmen und über die geplante Pressearbeit sprechen. Vielleicht kann man sogar eine gemeinsame Pressearbeit andenken.

- **Was muss ich beachten, wenn Schüler und Lehrer auf Fotos abgebildet sind, die ich veröffentlichen will?**
  Das „Recht am eigenen Bild" ist eine Ausprägung des Persönlichkeitsrechts, welches grundgesetzlich geschützt ist. Die Erstellung eines digitalen Fotos, auf dem man eine Person erkennen kann, ist rechtlich als Erhebung eines personenbezogenen Datums einzustufen. Damit fällt ein solches Fotografieren, sofern es nicht im engen privaten Umfeld erfolgt, unter das sog. Verbot mit Erlaubnisvorbehalt des Bundesdatenschutzgesetzes (§ 4 Abs. 1 BDSG):
  - Kein Foto von Kindern in der Schule ohne Zustimmung. Rechtlichen Schutz bei Verstößen bieten zudem die zivilrechtlichen Ansprüche aus §§ 823 und 1004 BGB.
  - Wird in der Schule ein professioneller Fotograf beauftragt, benötigt man von ihm die Nutzungsrechte für die Verwendung der Fotos im schulischen Rahmen.
  - Für Fotos von Kindern, Lehrern oder anderen Personen in der Schule gilt stets: Die Veröffentlichung des Bildes ist nur mit Zustimmung der Personen erlaubt, die auf dem Bild zu erkennen sind. Das gilt auch für Fotos von Schülergruppen. Die Einverständniserklärung wird bei minderjährigen Schülern von den Eltern schriftlich erteilt.

Literatur

Anja Burkel: PR für Schulen, Auer Verlag, Donauwörth

Pressemitteilung

 ### Kurz und kompakt

Fassen Sie alles auf einer DIN-A4-Seite zusammen und erklären Sie einmal schulübliche Abkürzungen, nicht jeder kennt diese sofort.

Vermeiden Sie unbedingt Texte aus der Ich-Perspektive und Wir-Perspektive.
Schreiben Sie Monate aus, schreiben Sie Zahlen ab 12 und alle runden Zahlen aus.
Wie ist die Zeichenzahl des Textes?

 ### Überschrift

Schreiben Sie die Überschrift, wenn der Text bereits fertig ist.
Kürzen Sie die Überschrift der Pressemitteilung auf 30 bis 40 Zeichen.
Nutzen Sie aktive Verben und vermeiden Sie zu viele Artikel.

 ### Unterzeile

Die Unterzeile erklärt kurz das Thema und die Überschrift.

 ### Anreißer

Beantworten Sie nun kurz die bekannten W-Fragen: Wer? Was? Wann? Wo? Warum?

 ### Mittelteil

Liefern Sie nun vertiefende Inhalte.

 ### Informationen zur Schule

Liefern Sie hier alle Hintergrundinformationen zu Ihrer Schule.
Wie heißt die Schule?
Wie viele Schüler hat sie?
Wie lautet der Name des Schulleiters?
Wie findet man die Homepage der Schule? Usw.